Wasserburgen, Schlösser und Landsitze im Erftkreis

Erftkreis

Wasserburgen
Schlösser
und Landsitze
im Erftkreis

Rheinland Verlag GmbH · Köln · Dezember 1985 · 3. überarbeitete Auflage

Wissenschaftliche Bearbeitung und Text: Dr. phil. Henriette Meynen, Köln
Redaktion: Klaus-Peter Pokolm, Erftkreis
Gestaltung: Norbert Radtke
Fotos: Hans Mirgeler und Ute Kutschke, Hans Theo Gerhards, Kreisbildstelle des Erftkreises u.a.
Lithos: Peukert und Co., Köln
Druck: Grafische Werkstatt Gebr. Kopp o.H.G., 5000 Köln 51
Printed in Germany
ISBN 3-7927-0904-X

Erftkreis

Henriette Meynen

Wasserburgen Schlösser und Landsitze im Erftkreis

Zum Geleit

Erst vor elf Jahren entstand der Erftkreis aus Teilen der ehemaligen Kreise Bergheim, Euskirchen und Köln. Die Geschichte unseres Kreisgebietes reicht jedoch weit zurück. Sichtbarer Ausdruck der historisch, politisch und genealogisch ineinander verwobenen Vergangenheit sind die frühen wehrhaften Wasserburgen der Ritter, die repräsentativen Schloßbauten der Adelsgeschlechter und nicht zuletzt die stattlichen Landsitze der Industriellen. Die mittelalterliche Geschichte dieser Region ist geprägt durch die nicht nur mit den Mitteln der Diplomatie ausgetragenen territorialen Auseinandersetzungen zwischen dem Kölner Kurfürsten auf der einen und den Herzögen von Jülich und der Kölner Bürgerschaft auf der anderen Seite. Die steingewordenen Zeugnisse jener Zeit künden sowohl vom streitbaren Charakter wie vom Repräsentationsbedürfnis der damals führenden Familien und Persönlichkeiten. Die im vorliegenden Band beschriebenen Bauwerke und Anwesen spiegeln zugleich die reiche Kulturgeschichte des Erftraumes.

Es geht darum, die sich den Menschen heute präsentierenden Kulturdenkmäler in den historischen Zusammenhang zu bringen. Eine Dokumentation unserer überkommenen Kulturgüter ist daher von besonderer Bedeutung.

Der Bildband über die Wasserburgen, Schlösser und Landsitze des Erftkreises soll dazu beitragen, den Erftkreis nicht nur als Industrieregion zu sehen, sondern auch seine Bedeutung als kulturgeschichtlich reiche Landschaft ins Bewußtsein zu rufen. Mit Genugtuung haben wir festgestellt, daß an einem solchen kulturgeschichtlichen Werk sehr großes Interesse besteht. Die erste Auflage, die im September 1979 erschien, war nach kurzer Zeit vergriffen. Die 1980 überarbeitete zweite Auflage konnte die Nachfrage ebenfalls nicht ausreichend befriedigen, so daß wir uns zu einer dritten Auflage entschlossen. Der nunmehr vorliegende Band ist nicht nur in Text und Bild auf den neuesten Stand gebracht, sondern auch von der bildlichen Gestaltung her aussagereicher und ansprechender gehalten.

Im Dezember 1985

Klaus Lennartz MdB
Landrat

Dr. Helmut Bentz
Oberkreisdirektor

Einführung

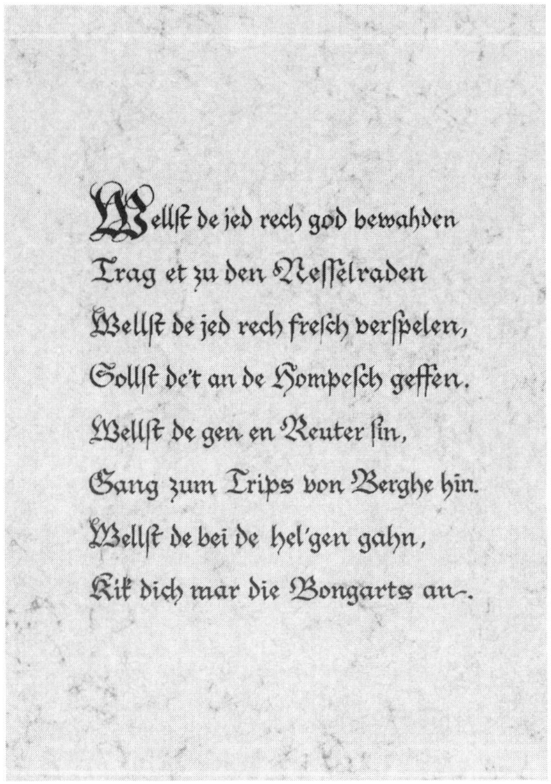

Wellst de jed rech god bewahden
Trag et zu den Nesselraden
Wellst de jed rech fresch verspelen,
Sollst de't an de Hompesch geffen.
Wellst de gen en Reuter sin,
Gang zum Trips von Berghe hin.
Wellst de bei de hel'gen gahn,
Kik dich mar die Bongarts an.

Spruch auf tradierte Eigenheiten, die den auf Erftkreis-Burgen ansässigen Geschlechtern nachgesagt wurden

Der Erftkreis ist für viele Mitbürger hauptsächlich mit der Vorstellung sich in die Tiefe fressender Schaufelradbagger und qualmender Industrieschlote inmitten ausgedehnter Rübenfelder verbunden. Daneben weist er aber in weiten, naturräumlich durchaus differenzierten ländlichen Regionen wie in historisch gewachsenen Ortschaften eine Vielzahl von Burgen, Schlössern und Landsitzen auf. Mit Ausnahme der kurfürstlichen Residenz in Brühl besitzen sie zwar nicht den Bekanntheitsgrad und die Anziehungskraft etwa der romantischen Höhenburgen am Rhein, sind aber dennoch ebenso sehenswerte und erhaltenswerte Baudenkmale. Ihre Mehrzahl liegt abseits der großen Verkehrswege, von Fremden nur gelegentlich entdeckt und vielfach nur für Ortsansässige ein Begriff.

Der vorliegende Bildband möchte einen Eindruck vom Formenreichtum herrschaftlicher Anwesen in der Erftkreisregion vermitteln und versteht sich mehr als Anregung denn als Bestandsaufnahme. Bestimmend für die Auswahl der Objekte waren in erster Linie kunsthistorische Aspekte, vor denen gelegentlich historische zurücktreten mußten. Ruinen wie Hemmerich und Laach blieben ebenso unberücksichtigt wie die große Zahl der vollkommen untergegangenen Herrensitze, etwa Schloß Harff und Burg Aldenrath. Gleiches gilt für Anlagen, die in ihrem heutigen Erscheinungsbild kaum mehr auf historische Vorgängerbauten schließen lassen. Andererseits wurden, um das Fortleben der Tradition des Schloß- und Burgenbaus bis in die jüngste Vergangenheit zu verfolgen, auch Landsitze der Jahrhundertwende in die Beschreibung aufgenommen. Dies erschien um so gerechtfertigter, als die exemplarisch angesprochenen Objekte Etzweiler und Sittarderhof in absehbarer Zeit dem Braunkohlentagebau werden weichen müssen.

Der Umfang der Beschreibungen wie auch der Bebilderung richtet sich weniger nach der Bedeutung der einzelnen Objekte als vielmehr nach deren bisheriger Berücksichtigung in der allgemein zugänglichen Literatur. Da gerade die Vielzahl der kleineren und weithin unbekannten Anwesen nicht zu kurz kommen sollte, wird einem kunsthistorisch so bedeutenden und viel besprochenen Schloß wie Augustusburg in Brühl kaum mehr Beachtung zuteil als etwa der relativ bescheidenen Burg Niederberg in der Rotbachniederung.

Neben Kirchen und Klöstern zählen Burgen und Schlösser zu den eindrucksvollsten Zeugnissen der nachrömischen mitteleuropäischen Geschichte. Ihre Ursprünge und Grundformen resultieren aus den kriegerischen Auseinandersetzungen früherer Zeiten. Dementsprechend spiegelt ihre bauliche Struktur den jeweiligen einander bedingenden Stand der Waffen- und Wehrbautechnik. Gleichzeitig sind sie steinerne Demonstration sowohl des Machtwillens als auch des kulturellen Anspruchs ihrer Erbauer. Hinzu kommt als Wesensmerkmal der Wasserburgen, mit denen wir es im Erftkreis ausschließlich zu tun haben, in aller Regel die enge räumliche Verbindung mit der landwirtschaftlichen Existenzgrundlage der Burgherren in Form des vorgelagerten Wirtschaftshofs. Es ist dies einer der wesentlichen Unterschiede zur Höhenburg, die meist an unwirtlicher exponierter Stelle weitab der bewirtschafteten Lagen das Land ringsum beherrscht. In erster Linie aber resultiert die Andersartigkeit im äußeren Erscheinungsbild von Wasser- und Höhenburgen unmittelbar aus den Gegebenheiten des Baugeländes, das bei den Höhenburgen eine individuellere Ausrichtung des Grundrisses an vorgefundene Felsformationen erfordert, während der Formenkreis der Wasserburgen eher Typisierungen der Grundrißdisposition erlaubt. Gleichwohl bieten auch die Wasserburgen in ihrer Anpassung an die Geländestrukturen des in Wirklichkeit gar nicht so „platten" Landes wie an die jeweiligen Anforderungen und stilistischen Zeitströmungen eine Vielfalt verschiedenartiger baulicher Lösungen. Ein weiterer kennzeichnender Unterschied zu den Höhenburgen zeigt sich in der Wahl der Baumaterialien. In den steinarmen Niederungen kamen, soweit man nicht römisches Steinmaterial wiederverwendete, bis zur Wiedereinführung des Feldbrandziegels in erster Linie Holz- und

Fachwerkkonstruktionen in Betracht. Erst seit der zweiten Hälfte des 13. Jahrhunderts begann sich allmählich der Backstein als Baumaterial durchzusetzen, der schließlich zum bestimmenden Bauelement wurde und den Fachwerkbau weitgehend, d. h. bis auf gelegentliche Teilverwendung in Obergeschossen, Stallungen usw. verdrängte. Naturstein, für die Höhenburgen in der Regel als anstehender oder doch leicht zu erreichender Fels das gegebene Baumaterial, war in den Niederungen wegen des umständlichen und langwierigen Transports und nicht zuletzt wegen der Zölle, die die Anrainer des Transportwegs einstrichen, ein teurer Luxus, der den architektonischen Gliederungen, wie Fenster- und Türrahmungen, Eckquaderungen, Konsolfriesen, Wappensteinen usw. vorbehalten blieb.

Bereits die ersten Wasserburgen im mittelalterlichen Sinne, die die Rückzugs- und Verteidigungsfunktion früherer, nur gelegentlich genutzter Fliehburgen unmittelbar auf die ständig bewohnten und bewirtschafteten Anwesen übertrugen, waren zweiteilige Anlagen. Grabungsbefunde lassen darauf schließen, daß sie im Anschluß an die Zeit der Normanneneinfälle gegen Ende des 9. Jahrhunderts entstanden. Die einfachste Form einer solchen Anlage war eine zweiteilige, durch Wassergräben und Palisaden geschützte Ansiedlung zu ebener Erde, deren vom Wirtschaftsteil getrennter Hauptbau auf eigener Insel als Vorrats- und Wohngebäude auch nach Aufgabe des Vorhofs noch gehalten und verteidigt werden konnte. Der damaligen Waffentechnik entsprechend — außer den Nahkampfwaffen waren hauptsächlich Speere sowie Pfeil und Bogen gebräuchlich — brachte die Überhöhung über den Angreifer einen außerordentlichen Vorteil. Daher entwickelte sich aus den Flachanlagen relativ rasch der Typus der sogenannten Motte, deren Hauptburg aus einem Turm auf der nunmehr künstlich aufgeschütteten kreisrunden Insel bestand. Die entsprechend sichelförmige Vorburginsel wurde meist gleichfalls erhöht.

Mit der vordringenden Backsteinbauweise wurde der Grundriß dieser ganz aus Holz errichteten Anlagen zunächst beibehalten. An die Stelle des Holzturms trat jedoch ein steinerner Wohnturm und die Palisaden wurden durch Mauern ersetzt. Diese Änderungen in der Bauweise sind nur eine der vielfältigen Äußerungen einer tiefgreifenden Wandlung in weiten Lebensbereichen, die der durch die Italien- und Kreuzzüge bedingte Kontakt des mitteleuropäischen Abendlandes mit dem mediterranen Raum und vor allem dem Orient mit sich gebracht hatte. Neben architektonischen Anregungen, die sich bei weitem nicht im Gebrauch von Feldbrandziegeln erschöpften, fanden neue Kampfesweisen und Waffen, so die Armbrust mit großer Zielgenauigkeit und höherer Durchschlagskraft und Belagerungsmaschinen, deren Steinhagel die hergebrachten leichten Holzbauten nicht mehr gewachsen waren, Eingang in Mitteleuropa. Im Bestreben, die Distanz zum Angreifer zu vergrößern, wurden daher die äußeren Verteidigungsanlagen und Hindernisse in Form von Gräben und Wällen nach Möglichkeit weiter hinausgeschoben. Als wehrtechnisch entscheidenste Elemente wurden den Umfassungsmauern Wehrtürme vorgelagert, die es erlaubten, angreifende Feinde von den Flanken her zu bekämpfen.

Nach dem Kontakt mit den verfeinerten Lebensgewohnheiten des Orients erschienen den führenden Geschlechtern des Abendlands seit dem 13. Jahrhundert aber auch ihre engen und ungesunden Wohntürme den gestiegenen Ansprüchen nicht mehr angemessen. An ihre Stelle trat eine wohnlichere Hauptburg, deren einfachste Form aus einem befestigten mehrgeschossigen Wohnhaus bestand. Bei komplexeren Anlagen, wie dem auf Grundmauern des frühen 14. Jahrhunderts errichteten Konradsheim etwa, bildet der repräsentative Palas mit seinem Turm- und schildmauerumwehrten Binnenhof eine in sich geschlossene Hochburg. Eine weitere wesentliche Neuerung gegenüber den Rundlingsformen der Motte war die Übernahme regelmäßiger rechteckiger Grundrißformen, die jedoch von den hiesigen Baumeistern, die sich erst allmählich von ihren überkommenen Bautraditionen lösten, meist nicht so genau und konsequent durchgeführt wurden wie bei den südlichen Vorbildern. Als räumliche Erweiterungen wurden dem Hauptbau gelegentlich weitere Flügel winkelförmig angefügt, wobei oft ein Treppenturm im Winkel und Holzgalerien an den Hoffronten den Zugang zu den oberen Räumen erleichterten. Mit all diesen Neuerungen hatte sich die rheinische Wasserburg zu einer Bauform mit charakteristischen Merkmalen herausgebildet, deren Errichtung im 13. und 14. Jahrhundert eine außerordentliche Blüte fand.

Die Blütezeit des Burgenbaus im Erftraum ist zugleich die Zeit der entscheidenden Auseinandersetzungen um die territoriale Gewalt, sowohl im Innern der sich bildenden Territorien als auch um deren äußere Ausdehnung. Seit dem Verfall der königlichen Zentralgewalt nach der Jahrtausendwende war die Macht der Territorialherren auf Kosten älterer Organisationsformen beständig gewachsen. Sie nahmen jetzt das ursprünglich ausschließlich königliche Recht auf Burgengründung wahr, dessen sie sich zur Stabilisierung ihres Herrschaftsbereichs konsequent bedienten. Der von den Reichsministerialen und dem Hochadel weiterverliehene Besitz war seit 1037 erblich und hatte dadurch zur Herausbildung des Standes der Ritterschaft geführt. Aus den Rittern, die mit Pferd und Harnisch zu Waffendiensten verpflichtet waren, rekrutierte sich der abhängige niedere Adel im Dienste der großen weltlichen und geistlichen Territorialherren, während die breite Masse der Bauernschaft in vollkommene Hörigkeit geriet. Der landsässige Adel, dessen Geschlechter sich zum Teil nach ihren belehnten Sitzen nannten, war einerseits Träger der von der Reichsidee abgeleiteten Staatsgewalt im kleinen Bereich, den der Besitz seiner Burg im späten Mittelalter zum Landtag berechtigte. Andererseits war er nicht nur Parteigänger, sondern sein Besitz auch Objekt der territorialen Auseinandersetzungen, etwa als sogenanntes Offenhaus, das er einem der Großen im Kriegsfalle „öffnen", d. h. zur Verfügung stellen mußte.

Die Besitz- und Verwaltungsstrukturen des Mittelalters erscheinen nicht weniger verwirrend als die geographische Verzahnung der territorialen Zuständigkeiten in jener Zeit. So haben wir es bei der Betrachtung eines mittelalterlichen Anwesens mit Rechten und Pflichten des Landesherrn, des Grundherrn, des Vogteiberechtigten, des Belehnten und schließlich des Halfen als bewirtschaftendem Pächter zu tun. Ein im einzelnen wechselhaftes und oft umstrittenes Nebeneinander sich überlagernder Besitz- und Einflußstrukturen sowie politischer und ökonomischer Rechtspositionen wurde nur allmählich zu den stabilen Territorien der Großen konsolidiert. Dieser Prozeß fand erst mit dem Ausbau zentraler Verwaltungen gegen Ende des 15. Jahrhunderts einen Abschluß.

Nach außen entsprach den innerterritorialen Auseinandersetzungen ein unablässiges Ringen um Ausweitung bzw. Stabilisierung der Territorialgrenzen. Der Raum des heutigen Erftkreises war Schauplatz der territorialen Auseinandersetzungen der aus Köln vertriebenen kurfürstlichen Bischöfe mit der Bürgerschaft der Stadt auf der einen und den Grafen bzw. Herzögen von Jülich auf der anderen Seite. Aus dem allseitigen Konkurrenzkampf der Großen ergab sich die Regel, daß ein Territorialherr im allgemeinen mit seinen nächsten Nachbarn verfeindet und mit den übernächsten verbündet war. So finden wir als Beteiligte an den kurkölnisch-jülichschen Auseinandersetzungen im Erftraum gelegentlich auch die Herzöge von Brabant und die von Berg. In diesem labilen Kräftefeld behauptete die Stadt Köln mit der Verteidigung und dem Ausbau städtischer Freiheiten ihre Stellung als größte mitteleuropäische Handelsmetropole des Mittelalters. Angesichts der häufigen Geldnöte der Erzbischöfe und ihres Machtwillens erscheint uns das Mißtrauen der wohlhabenden Kölner Bürgerschaft ihnen gegenüber ebenso wenig verwunderlich wie das Bemühen der bischöflichen Landesherren, von strategischen Gegenpositionen aus wieder in der Stadt Fuß zu fassen. Bezeichnenderweise war der Anlaß der erbitterten „Ritter-, Bürger- und Bauernschlacht" bei Worringen 1288 eine dort, vor den Toren Kölns, durch den Erzbischof errichtete Zollburg. Auch und gerade in den Auseinandersetzungen mit den Jülicher Nachbarn kam dem Burgenbau und der Sicherung des Offenhausrechts eine außerordentliche Bedeutung zu. Die wechselvolle Geschichte vieler mehrfach zerstörter und wiedererrichteter Burgen legt davon ebenso Zeugnis ab wie die mächtigen Ruinen der kurkölnischen Grenzfeste gegen Jülich in Lechenich.

Der „Flickenteppich" territorialer Verhältnisse, dessen Ursprung in den mittelalterlichen Auseinandersetzungen lag, hatte Bestand bis zur französischen Revolution. Die Burgen allerdings verloren ihr strategisches Gewicht weitaus früher. Im 16. Jahrhundert hatten nach Erfindung des Schwarzpulvers die wirksameren Schußwaffen die herkömmlichen Armbrüste und Belagerungsmaschinen endgültig abgelöst. Die Kriegstechnik hatte sich grundlegend geändert. An die Stelle der Ritter in ihrer immer schwerfälligeren Panzerung waren die mit Geschützen und leichteren Feuerwaffen ausgerüsteten Landsknechtsheere getreten. Der Dreißigjährige Krieg in der ersten Hälfte des 17. Jahrhunderts war der blutige Höhepunkt eines waffentechnischen „Fortschritts", der Wasserburgen in der herkömmlichen Form als Verteidigungsanlagen untauglich werden ließ. Den modernen Pulvergeschützen vermochten sie nicht mehr standzuhalten, und als Reflex auf die Neuerungen entwickelte sich der von der Burgentradition weitgehend losgelöste Festungsbau zu einer eigenen Form. Gleichzeitig entstanden durch Reduzierung zweiteiliger Anlagen auf einteilige Hofesfesten wie durch deren Neuerrichtung Höfe, die Momente der mittelalterlichen Wehranlage, wenn auch in untergeordneter Bedeutung, in eine eigene Form des einteiligen, befestigten und wasserumwehrten Anwesens integrierten.

Die relativ große Zahl der in den rheinischen Niederungen erhaltenen Wasserburgen und Hofesfesten erklärt sich aus ihrer seit dem Mittelalter beibehaltenen landwirtschaftlichen Zweckbestimmung und ihrer Lage inmitten der fruchtbaren Ackerbaulandschaft. Während die unbequemen Höhenburgen in der Regel aufgegeben wurden, nachdem sie ihre strategische Bedeutung verloren hatten, existierten viele Wasserburgen als Wirtschaftsbetriebe — wenn auch meist in baulich immer wieder veränderter Form — weiter fort. Ihre geographische Verteilung läßt die Bedeutung der Wasserzufuhr für die Niederungsburgen erkennen. War das Wasser anfangs nur Mittel, um, in die Gräben der Burg geleitet, deren Wehrfähigkeit zu erhöhen, so hatten die Wasserrechte bald auch erhebliche wirtschaftliche Bedeutung. Im allgemeinen gehörte zur Burg eine Mühle, die oft innerhalb des umgrenzten Herrschaftsbereichs eine Art Monopolstellung innehatte. Weitere Faktoren waren die Be- und Entwässerung der Felder und die Möglichkeit der Fischzucht in einer Zeit weitgehender landwirtschaftlicher Selbstversorgung. Nicht ohne Grund findet sich seit dem Mittelalter die Mehrzahl der Wasserburgen an den Bachläufen wie Perlen aufgereiht. Besonders augenfällig zeigt sich das im westlichen Erftkreis in den Auen der Erft sowie des Rot- und des Neffelbachs, während östlich der Ville die zahlreichen kleineren, zum Rhein hin abfließenden Bäche die Burggräben speisten.

Eine weitere Überlebensform der Wasserburgen begegnet uns in den Schlössern, die im Erftkreis mit Ausnahme der kurfürstlichen Jagdschlösser sämtlich auf mittelalterliche Wasserburgen zurückgehen. Als ständige Wohnsitze der führenden Geschlechter wurden die Wasserburgen ihrer geschützten und bequemeren Lage wegen seit je her den Höhenburgen vorgezogen. Auch nach dem Verlust einer wirklich effektiven Verteidigungsfunktion wurde die Tradition des Burgenbaus in den Ebenen fortgeführt und fand ihre reichste Ausformung in der Erweiterung zum repräsentativen Schloßbau. Seit dem 16. Jahrhundert entwickelte sich aus der Hauptburg das großzügige Wohnschloß. Wehrhafte Elemente wie Gräben und Türme, die allenfalls noch zum Schutz gegen gering bewaffnete marodierende Truppen dienen konnten, wurden als Feudalsymbole beibehalten. Dem Bau der herrschaftlichen Hauptburg wurde besondere Aufmerksamkeit gewidmet, während die Gestaltung der Vorburg ihrer Funktion entsprechend meist in schlichter Zweckarchitektur gehalten wurde. Obwohl bei diesen Anwesen die Zweiteiligkeit optisch und funktional beibehalten wurde, füllte man den trennenden Graben zwischen Haupt- und Vorburg — oft schon allein aus Platzgründen — häufig auf. Aus dem ursprünglich auf quadratischem oder rechteckigem Grundriß errichteten Gebäude der Hauptburg wurden durch Anfügen weiterer Flügel Winkel-, Hufeisen- und geschlossene Vierflügelanlagen. Das Zeitalter der Renaissance bereicherte den Schloß- und Burgenbau um kunstvolle Fassadenattribute, aber auch um von vier Flügeln der Hauptburg umschlossene Innenhöfe, die dann, wie in Bedburg mit Arkaden oder in Frens mit einem Zierbrunnen, eine besonders schmucke Ausgestaltung erfuhren. In der Barockzeit war die dreiflügelige Öffnung des Schlosses als symmetrische hufeisenförmige Ehrenhofanlage besonders beliebt, wofür Schloß Augustusburg in Brühl als bekanntestes Beispiel der Region gelten dürfte. Die europäische Schloßform der Maison de Plaisance als zur Umgebung offener Bau auf funktionsorientiertem Grundriß fand im 18. Jahrhundert neben den mehrflügeligen komplexen Anlagen auch im Erftraum Anwendung und ging mit dem rheinischen Wasserburgtyp eine Symbiose ein, wofür Falkenlust als reine Ausprägung sowie Türnich in der klassischen zweiteiligen Form und Schlenderhan mit ehrenhofartiger Erweiterung als kombinierte Typen zu nennen sind.

Mit der Umwandlung des Wehrbaus zur Residenz veränderten die Schloßherren auch die nähere Umgebung des Herrensitzes. Das aus wehrtechnischen Gründen offene Umland wurde erst seit dem 18. Jahrhundert als freie Schußfläche aufgegeben und in der folgenden Zeit häufig ein an die Gebäude anschließender Bereich zum Park umgestaltet. Als jeweils typische Formen sind die architektonisch entworfenen geometrischen Gärten des Barock nach französischen Vorbildern und die an Ideallandschaften orientierten englischen Landschaftsparks des 19. Jahrhunderts zu nennen. Auch die weitläufigen Parkanlagen mit ihrem oft wertvollen dendrologischen Bestand sind als Attribut herrschaftlicher Besitzverhältnisse denkmalwürdiger Bestandteil rheinischer Wasserschloßanlagen.

Rückblickend können wir feststellen, daß die Bauform der zweiteiligen niederrheinischen Wasserburg im Erftkreis über 1000 Jahre hinweg, vom frühen Mittelalter bis ins 19. Jahrhundert hinein, in ihrer Doppelfunktion als Wohn- und Wirtschaftsplatz Bestand hatte. Noch bis in die Neuzeit hinein blieb dieser herrschaftliche Bautyp aktuell. Führende Persönlichkeiten der Industrie- und Finanzwelt nahmen während der Gründerzeit in der Gestaltung ihrer Landsitze die Tradition der früheren ländlichen Residenzen auf.

Erkundungen der einzelnen Burgen, Schlösser und Landsitze boten Gelegenheit zu persönlichen Gesprächen mit den jeweiligen Eigentümern, die manch hilfreiche Anregung erbrachten. Buchveröffentlichungen, wissenschaftliche Artikel in den unterschiedlichsten Publikationen und Presseverlautbarungen lieferten eine Fülle weiterer Informationen und Gesichtspunkte. Insbesondere war mir die Heimatliteratur eine wertvolle Hilfe, da eigene Forschung nur in sehr begrenztem Umfang möglich war und auch nicht Aufgabe des Buches sein konnte. Alle beschriebenen Häuser wurden von mir aufgesucht, und die Bewohner gewährten mir großzügig Zutritt zu ihrem Gelände und zumeist auch zu den Gebäuden. Als bereits nach einem halben Jahr die erste Auflage vergriffen war, gaben mir zahlreiche Besitzer für die zweite Auflage zusätzliche wertvolle Angaben. Hierfür sei nochmals gedankt. Viele der Texte konnten für die Neuauflage wesentlich überarbeitet und erweitert werden. Einige Bilder wurden ausgetauscht.

Mein besonderer Dank gilt Herrn Dieter Klein, Bonn, der bei der Abfassung der Texte und auch bei der Überarbeitung zur zweiten und dritten Auflage mitwirkte. Wertvolle Hinweise verdanke ich Herrn Harald Herzog, Bonn, dessen Dissertation „Künstlerische Vorgänge im rheinischen Schloßbau des 19. Jahrhunderts“ mir als Manuskript bereits bei der Bearbeitung der Erstauflage vorlag. Den in der ersten Auflage ausgesprochenen Dank an die Herren Dr. Rudolf Brandts, Dipl.-Ing. Hans Haas und Dr. Rüdiger Schneider Berrenberg möchte ich an dieser Stelle wiederholen.

Henriette Meynen

Brühl, Augustusburg

Augustusburg,
Ostseite,
Blick in den Ehrenhof des Schlosses

Augustusburg von Süden gesehen, Kupferstich von N. Mettely nach J. M. Metz

Das kulturhistorisch gewichtigste Bauwerk im heutigen Erftkreis ist unzweifelhaft Schloß Augustusburg in Brühl. Mit seinen weitläufigen Räumlichkeiten, dem nach überkommenen Plänen erneuerten Gartenparterre, dem Landschaftspark mit ehrwürdig-wertvollem Baumbestand und dem damit durch eine Allee verbundenen Jagdschloß Falkenlust ist die barocke Residenz beliebtes Ziel der Ausflügler aus den Ballungszentren des Köln-Bonner Raums. Für die Öffentlichkeit geschlossen wird das Schloß allerdings, wenn die Regierung nach Brühl bittet, denn auch die „Zeremonienmeister" der Bundesrepublik wissen den höfischen Glanz vergangener Zeiten als Rahmen festlicher Staatsempfänge zu schätzen. Schon die vor 1845 mit der Köln-Bonner Eisenbahnlinie fertiggestellte spätklassizistische Brühler Bahnstation wurde vor allem als Ziel- und Ausgangspunkt für die Landpartien der Stadtbürger angelegt, war darüberhinaus aber zugleich in ihrer axialen Ausrichtung auf das kurfürstliche Schloß als bauliches Attribut eines „Großen Bahnhofs" für hohe Gäste konzipiert.

Von den Gründen, die einst den Kurfürsten und Kölner Erzbischof Clemens August dazu bewogen, auf halbem Wege zwischen seiner Bischofskirche in Köln und seiner weltlichen Residenz Bonn, die schon damals aus einem anfänglichen „Provisorium" hervorgegangen war, das Schloß Augustusburg zu errichten, war ausschlaggebend, daß es nicht nur schön, sondern auch günstig für die Falkenjagd gelegen war, die der Kurfürst mit Leidenschaft betrieb. Der Bau des Schlosses beruhte allerdings nicht auf einer völlig neuen Standortwahl. Als Clemens August 1725 den Grundstein zu seiner späteren Lieblingsresidenz legte, geschah dies in den Ruinen einer mittelalterlichen kurkölnischen Landesburg mit eigener Vorgeschichte.

Bereits in karolingischer Zeit soll hier, am Fuße des Vorgebirges, ein „Brühl" der Kölner Erzbischöfe gelegen haben. Die aus dem fränkischen „brogilo" abgeleitete Ortsbezeichnung bedeutet Sumpfwald, im ursprünglich engeren Sinne aber auch Schweinesuhle. Jener Schweinepferch war wirtschaftlicher Bestandteil der kurfürstlichen Tafelgüter Pingsdorf und Merreche, die 1184 mit der Errichtung eines Burghofs auf einer Halbinsel inmitten des sumpfigen Brühler Geländes durch Erzbischof Philipp von Heinsberg zu der neuen Baumeisterei verschmolzen. Mit der Übernahme der Verwaltungs- und Gerichtsbarkeitsfunktionen über den ausgedehnten kurkölnischen Grundbesitz wurde der Ort zur Keimzelle der späteren Stadt Brühl. An strategischer Bedeutung gewann die Ortschaft, je heftiger sich ihre erzbischöflichen Landesherren mit der reich und selbstbewußt gewordenen Bürgerschaft des sich zur freien Reichsstadt entwickelnden Köln auseinandersetzten und je mehr ihnen die Gewalt über die Kölner Geschlechter und Zünfte entglitt. Seit 1265 durften sie die Hauptstadt ihres Erzbistums nur gegen jedesmalige Bestätigung der städtischen Freiheit betreten. Vor diesem machtpolitischen Hintergrund sind der planmäßige Ausbau Brühls zu einer wehrfähigen Gegenposition und die schon 1285 erfolgte Stadterhebung zu sehen.

Im Jahre 1288 befreiten sich die Kölner Bürger in der Schlacht von Worringen endgültig von der Herrschaft der Bischöfe. Der Erzbischof Siegfried von Westerburg wurde gefangengenommen und an den mit den Kölnern verbündeten Grafen von Berg ausgelie-

Augustusburg,
Treppenhaus von Balthasar Neumann,
Blick auf die Triumpharchitektur an der Nordwand

Augustusburg, barockes Gartenparterre, vom Balkon des Südflügels gesehen

fert. Nach seiner Rückkehr aus einjähriger Gefangenschaft galt es für den schwer erkrankten und gegen ein hohes Lösegeld freigelassenen Erzbischof zunächst, den ihm verbliebenen Machtbereich zu konsolidieren.Als kurfürstliches Bollwerk gegen Köln wurden auch Burg und Stadt Brühl neu befestigt. Im Wechsel mit anderen Landesburgen war Brühl fortan Residenz der aus Köln verdrängten Erzbischöfe und stand häufig im Mittelpunkt kriegerischer Auseinandersetzungen. Auch von den Nachfolgern des Westerburgers wurde die Wehranlage erweitert und ausgebaut. Sie war eine stattliche, vierseitig geschlossene Wasserburg mit Türmen und Bastionen, die von der Stadt aus über eine Vorburg zu erreichen war.

Wie alle kurkölnischen Befestigungen wurde die Brühler Landesburg im Dritten Réunionskrieg Ludwigs XIV. von Franzosen besetzt, die die Burg beim Rückzug vor den brandenburgischen und holländischen Truppen 1689 bis auf einige Reste kurzerhand sprengten. Vorerst blieb die Landesburg Ruine.

Nachdem der Kurfürst Josef Clemens 1714 aus dem achtjährigen französischen Exil, das seiner Teilnahme am spanischen Erbfolgekrieg

Augustusburg, Audienzsaal des Großen Neuen Appartements, besonders aufwendige Rokokodecke mit ausgemalten Stuckfeldern, Wandteppiche aus der Mitte des 18. Jh., über dem Kamin Portrait Kaiser Karls VII.

auf Seiten Frankreichs folgte, zurückgekehrt war, plante er den Neubau des Anwesens. Nach seinen Plänen sollte es mit der nach den Zerstörungen als erstes neu errichteten Bonner Residenz durch eine Allee verbunden, aber auch per Schiff auf einem Kanal zu erreichen sein, den er von hier aus zum Rhein graben lassen wollte. Das gesamte Brühler Projekt Josef Clemens' blieb jedoch — wohl aus finanziellen Gründen — unausgeführt. Erst sein Neffe und Nachfolger Clemens August konnte mit dem Neubau des Brühler Schlosses beginnen.

Von den Wittelsbachern, die fünf Generationen lang die geistlichen Kurfürsten von Köln stellten, erwarb Clemens August während seiner mehr als vierzigjährigen Regierungszeit die meisten geistlichen und weltlichen Würden. Die damit verbundenen Pfründe ermöglichten ihm eine umfangreiche Bautätigkeit. Die Ambitionen des hochsensiblen und kunstliebenden Kurfürsten waren weniger auf Politik, Diplomatie und sein geistliches Amt gerichtet, als auf die Erfüllung seiner Jagdleidenschaft, die er mit aufwendiger barocker Prachtentfaltung zu verbinden wußte.

Bei Augustusburg hielt sich Clemens August jedoch an das sparsame Konzept seines Onkels, die Grundmauern und teilweise auch Mauerreste der alten Wasserburg wiederzubenutzen. Deshalb wirkt auch das Schloß für eine barocke Residenz — etwa im Vergleich zum breitgelagerten Bonner Schloß — relativ gedrungen. Erste Pläne des Franzosen Guilleaume de Hauberat verwarf Clemens August, wohl weil sie in ihrer nüchternen Form dem barocken Lebensgefühl des Kurfürsten zu wenig entsprachen. Der Westfale Johann Conrad Schlaun vermochte den Vorstellungen seines Auftraggebers Clemens August eher zu entsprechen. Unter seiner Leitung war bereits 1728, also nur drei Jahre nach der Grundsteinlegung, der Rohbau fertiggestellt.

Schlaun schuf die dreiflügelige hufeisenförmige Anlage, wie sie im wesentlichen bis heute erhalten ist. Er behielt jedoch Wall und Graben bei und ließ als Reminiszens an den wehrhaften Vorgängerbau sogar zwei Rundtürme an den Ecken der Anlage wieder- bzw. neuerrichten.

Der in Frankreich ausgebildete François Cuvilliés, der nach Schlaun die Innengestaltung übernehmen sollte, regte darüber hinaus den endgültigen Ausbau zu einer barocken Residenz an, zu dem er seinen Baumeister Michael Leveilly heranzog. Türme, Wall und Graben wurden „geschleift", an ihre Stelle traten als zeitgemäßere Attribute der kurfürstlichen Hofhaltung Terrasse, Gartenparterre und Orangerien. Der Franzose Dominique Girard entwarf die ausgedehnten Park- und Gartenanlagen, deren barocke Formenvielfalt im 19. Jahrhundert durch Peter Josef Lenné in Teilbereichen zu einem englischen Landschaftsgarten umgestaltet wurde. Gegenwärtig wird das in den Jahren 1933–1935 rekonstruierte Gartenparterre von Girard wieder in seiner alten Farbenpracht mit verjüngten Buchsbroderien (Ornamentpflanzungen) und mit grauem, weißem und rotem Gesteinsgranulat bestreuten Flächen erstellt. Die kleineren Lustbauten, die den kurfürstlichen Park bereicherten, das Schneckenhaus und das indianische Haus, mußten im 18. und 19. Jahrhundert wegen Baufälligkeit wieder abgerissen werden.

Glanzpunkt eines jeden Brühlbesuchs ist außer dem Park die heute noch prachtvolle Innenausstattung von Schloß Augustusburg. Der fränkische Baumeister Johann Balthasar Neumann entwarf das dem höfischen Zeremoniell angemessene, verschwenderisch ausgestattete Treppenhaus. Für die reiche Decken- und Wandbemalung der Repräsentations- und Wohnräume kamen zahlreiche deutsche, italienische und französische Künstler an den kurfürstlichen Hof. Der Initiator und Namensgeber dieses prächtigen Schloßbaus jedoch erlebte die endgültige Fertigstellung im Jahre 1768 nicht mehr. Clemens August starb 1761.

Die Geschichte von Schloß Augustusburg blieb wechselvoll, es beherbergte illustre und auch weniger wählerische Gäste. Im Jahre 1798 verkauften französische Revolutionstruppen das kurfürstliche Mobiliar, aber schon sechs Jahre später machte Napoleon das Schloß zum Sitz der französischen Ehrenlegion, und 1808 wurde es zur Residenz seines Marschalls Davout. In den folgenden Jahrzehnten verfiel die vernachlässigte Augustusburg zusehends, bis sich im Jahre 1842 der Preußenkönig Friedrich Wilhelm IV. entschloß, wenigstens die Innenräume für den Besuch der Queen Viktoria zu restaurieren. Neben den umfangreichen Wiederherstellungsarbeiten bemühte man sich in der Folgezeit, das Mobiliar zurückzukaufen oder zu ergänzen. In der zweiten Hälfte des 19. Jahrhunderts diente Augustusburg alljährlich wieder als Residenz, wenn Kaiser Wilhelm I. mit seinen Gästen an den Herbstmanövern in der Eifel teilnahm. So war der Urgroßvater Gustav V. des Schwedenkönigs Carl XVI. Gustav, der 1979 während eines vielbeachteten Staatsempfangs mit seiner Gemahlin auf Schloß Brühl weilte, bereits 1884 anläßlich eines kaiserlichen Manövers hier zu Gast.

Im Zweiten Weltkrieg wurde das Schloß schwer beschädigt, unmittelbar nach Kriegsende begannen die Restaurierungsarbeiten, die sich bis in die Gegenwart fortsetzten. Schloß Augustusburg, das inzwischen dem Land Nordrhein-Westfalen gehört, ist nicht nur als Baudenkmal und eindrucksvolles Zeugnis barocker Prachtentfaltung ein Begriff. Seit 20 Jahren erfreuen sich die Brühler Schloßkonzerte wachsender Wertschätzung weit über die Grenzen der Stadt und des Landes hinaus. Weniger bekannt sind die aneinandergereiht etwa zehn Kilometer langen Bücher- und Aktenbestände des Personenstandsarchivs Rheinland, das in dem historischen Gemäuer eine Unterkunft gefunden hat.

Falkenlust

Falkenlust,
von Süden gesehen, Maison de plaisance
mit Nebengebäuden

In einem kleinen Waldstück südöstlich von Brühl liegt Falkenlust, eines der Jagdschlösser des Kurfürsten Clemens August. Falkenlust steht baugeschichtlich und funktional in engem Bezug zum Residenzschloß Augustusburg, mit dessen Park es durch eine gerade Allee verbunden ist.

Von allen Jagdarten war die Beizjagd die liebste Beschäftigung des Kurfürsten, und die sumpfige Rheinniederung vor den Toren seiner Residenz bot mit ihrem Reichtum an Wildvögeln die günstigen Voraussetzungen dazu. Seit der Staufenkaiser Friedrich II. sein Standardwerk über die Falknerei geschrieben hatte, galt sie als Inbegriff der Ausübung staatsmännischer Tugenden wie Disziplin, Ausdauer und Scharfsinn. Im politischen Bereich allerdings ließ der empfindsame Clemens August gerade diese Qualitäten nicht selten vermissen.

Ein gesondertes Schloß für die Jagd in Nähe der Residenz war in vielerlei Hinsicht von praktischem Nutzen. Hier konnten die Jagdgesellschaften bewirtet werden, Gäste des Kurfürsten wohnen, konnten politische und amouröse Geheimverhandlungen abseits des Hofes geführt werden. Auch die Jagdvögel, Reitpferde und das zahlreiche Personal zur Pflege dieser Tiere galt es unterzubringen. Dazu dienten die eingeschossigen Nebengebäude des Schlosses.

Falkenlust wurde von 1729 bis 1734 erbaut. Die Entwürfe stammten vom „ersten Baumeister" des Kurfürsten, François Cuvilliés, der gleichzeitig mit der Umgestaltung von Augustusburg beschäftigt war. Wie dort übernahm Leveilly die Bauleitung und die internationale Künstlerschar bei Hofe die Innengestaltung. Falkenlust zeigt in den Motiven sowohl der Bauplastik als auch der Innenausstattung entsprechend der französischen Architekturtheorie immer wieder seine Zweckbestimmung als Jagdschloß, in jener Zeit ein stilistischer Ausdruck besonderer Vornehmheit. Künstlerische Anspielungen auf Falkenlust und das aufwendige höfische Jagdleben finden sich ebenfalls in der nahen Residenz auf dem Deckenfresko

Falkenlust, Nymphe mit Falke im Vestibul des Erdgeschosses

des Kabinetts, wo als Jäger verkleidete Affen sich neben anderen Jagdarten auch der Falknerei widmen.

Das zweigeschossige fünfachsige Hauptgebäude von Falkenlust entspricht dem Typus der Maison de plaisance und weist einen dieser Gebäudeform gemäßen sehr übersichtlichen Grundriß auf. Von dem steilen umgitterten Mittelaufsatz auf dem Mansarddach, dem Belvedere, konnte man die kurfürstlichen Jagdunternehmungen in der Umgebung beobachten. Fassade und unmittelbare Umgebung des Hauses lassen in ihrem nach der Renovierung wieder authentischen Erscheinungsbild die Kühle und Sachlichkeit französischer Vorbilder erkennen und kaum auf die für heutige Begriffe üppigen Interieurs schließen.

Falkenlust blieb einschließlich der Innenausstattung im ursprünglichen Zustand erhalten. Nach der französischen Revolution, deren Truppen 1794 das Ende des Kurstaates besiegelten, geriet Falkenlust in die Hände eines Spekulanten, konnte aber dank der Vermittlung Sulpiz Boisserées vor dem drohenden Abbruch gerettet werden und kam 1807 in den Besitz des Grafen Karl Friedrich Reinhards. Im Jahre 1832 erwarb die Familie Giesler das Jagdschloß und machte sich um dessen Erhalt verdient. Wie die Residenz Augustusburg gehört das kurfürstliche Jagdschloß heute dem Land Nordrhein-Westfalen und ist der Öffentlichkeit zugänglich.

Der Besucher sollte nicht versäumen, die Innenausstattung von Falkenlust in sein Programm miteinzubeziehen. So sind die holländischen Bildfliesen, deren Falkenjagdmotive das Treppenhaus schmücken, eine ungewöhnliche Wandverkleidung für einen solchen Raum. Hervorzuheben sind auch das auf eine raumauflösend-verwirrende Wirkung angelegte Spiegelkabinett und das Lackkabinett, das als eines der schönsten seiner Art in Deutschland gilt. Seine „indianischen" Lackmalereien sollen in die exotische Welt Ostasiens versetzen. Hier finden wir das wohl wirkungsvollste Portrait Clemens Augusts, den „Kurfürsten mit der Mokkatasse" von Joseph Vivien. Im nördlichen Seitenflügel des Schlosses ist ein kleines Falknereimuseum untergebracht. Erwähnenswert ist schließlich die als Eremitage gestaltete Grottenkapelle im Falkenluster Busch, in die man sich vom höfischen Treiben zurückziehen konnte.

Entenfang

*Entenfang,
Blick von der Straße
auf die östlichen Anbauten*

Am südlichen Ortsrand von Wesseling-Berzdorf liegt ein wenig versteckt Haus Entenfang. Nach bis vor kurzem einhelliger Ansicht ist es das kleinste der Schlösser, die dem jagdfreudigen Kurfürsten Clemens August und seinem Gefolge als Ausgangspunkt und Unterkunft bei den zahlreichen Jagdausflügen dienten. Wie Falkenlust war Entenfang von seiner Residenz Augustusburg in Brühl leicht zu erreichen.

Das schloßähnliche Jagdhaus verdankt seine Entstehung und seinen Namen der Lage in einem versumpften Rheinarm, dessen frühere Uferböschungen noch als Geländeformation erkennbar sind. Bis heute ist die Gegend als Naturschutzgebiet eine Zufluchtstätte für zahlreiche Wasservögel.

Schon in früher Zeit wurde dieses Gelände wegen der Jagdart, die hier mittels einer eigens dazu eingerichteten Anlage ausgeübt wurde, „ähndtenfang" genannt. Auf einer mehrfach unterteilten Wasserfläche waren Lockenten mit gestutzten Flügeln ausgesetzt, die ihre wildlebenden Artgenossen zum ausgestreuten Futter lockten und veranlaßten, auf dem Weiher niederzugehen. Abgerichtete Hunde trieben nun die Vögel in Fallen und Fangsäcke. Dann wurden die angeblich durch einen gekerbten Schnabel gekennzeichneten Lockenten wieder ausgesetzt und ihre weniger glücklichen Vettern wanderten in die Kochtöpfe des Jagdherrn.

Ob Clemens August selbst das Gebäude errichten ließ, ob er es vom Vorbesitzer übernahm, oder ob es überhaupt in seinen Besitz geriet und er dort jagdberechtigt war, ist umstritten. Sicher ist, daß das Anwesen vorher kurkölnische Unterherrschaft war und daß schon vor 1735 dort ein Gebäude stand, das aber nicht mit dem heutigen Haus Entenfang identisch sein muß. Die bisherigen Thesen, es sei entweder 1750-52 von Clemens August erbaut worden oder 1751 wegen der Verschuldung des Vorbesitzers an den Kurfürsten gelangt, werden durch die jüngere Geschichts-

Entenfang, Rückfront des einstigen Jagdschlosses mit teilweise wiedererstellter Teichanlage

forschung in Frage gestellt. Hiernach war Haus Entenfang bis zum Ende des 18. Jahrhunderts ein Jagdhaus der Kölner Pröpste von St. Gereon, die es als Grundherren von Berzdorf erbaut hatten.

Unser Wissen um das weitere historische Schicksal des Anwesens kann wiederum als gesichert gelten. Ebenso wie der Kurfürst Max Franz floh mit dem Großteil des Klerus auch der Propst von St. Gereon 1794 vor den französischen Revolutionstruppen, die das linke Rheinufer 1795 der Republik angliederten. Das von den in Berzdorf stationierten Kanonieren seiner Türen und Fenster beraubte Haus Entenfang war bereits dem Verfall nahe, als sich 1797 verschiedene Privatleute bei der Regierung darum bemühten, das nunmehrige Domänengut zu pachten. Den Zuschlag erhielt eine Familie Breuer aus Berzdorf, die sich verpflichtete, das Gebäude auf eigene Kosten zu renovieren. Als Gegenleistung sollte die erforderliche Summe nachträglich vom Pachtzins abgezogen werden. Das damals im ursprünglichen Zustand wiederhergestellte Landhaus war ein relativ schlichter zweigeschossiger und nur fünfachsiger Bau mit einem Walmdach, der heute den westlichen Teil des Gesamtgebäudes bildet.

Erst um 1900 wurde das Haus, damals Privatbesitz, zum Herrenhaus eines Guts ausgebaut. Aus dieser Zeit stammt wohl der östliche Teil des Gebäudes mit seinen barock wirkenden Anbauten, den Türmchen, der Freitreppe und dem im Winkel angestückten schmalen Terrassenaufgang.

Frühere Seitenflügel sind ebenso wie ein in unmittelbarer Nachbarschaft gelegener großer Hof inzwischen verschwunden. Das einstige Jagdhaus ist heute im Besitz der Gemeinde Wesseling und, nachdem es zeitweise abermals zu verfallen drohte, inzwischen an eine Werbeagentur verpachtet und renoviert. Bei veränderter Raumaufteilung erinnert im Innern nur noch weniges an den ursprünglichen Zustand, so die alten Eichenbalken im Dachgeschoß und der Treppenaufgang mit Scheinbalustern.

Seit im Jahre 1976 ein Originalplan der historischen Teich- und Gartenanlage aus dem Jahre 1768 entdeckt wurde, stand eine Rekonstruktion des inzwischen verwilderten Umfeldes von Haus Entenfang zur Diskussion. Für die nunmehr geschaffene Freizeitanlage konnten die hausnahen Teiche entschlammt und wieder geflutet werden. Allerdings befindet sich zunächst noch anstelle des großen eigentlichen Entenfangteiches ein Sportplatz. Der schlichte, lediglich durch ein Achsenkreuz gegliederte Garten des kurfürstlichen Jagdhauses wurde in vereinfachter Form wiedererstellt. Dennoch veranschaulicht diese Teilrekonstruktion von Entenfang eine in unserer Region einmalige Anlage barocker Bau- und Landschaftsgestaltung, in der sich eine ausgeklügelte Jagdeinrichtung, die aufwendige Gartenkunst des 18. Jahrhunderts und ein Stück Architekturgeschichte harmonisch zu einer Einheit verbinden.

Godorfer Burg

Schallenburg,
von Norden gesehen,
Rondell im Vordergrund auf der ehemaligen Vorburginsel

Godorfer Burg, auf Breitenwirkung angelegte neugotische Schaufassade

Zwischen Augustusburg und Entenfang liegt am westlichen Ortsausgang von Berzdorf als interessanter Kontrast zu den kurfürstlichen Schlössern eine etwas seltsam anmutende Anlage, die Godorfer Burg. Im mittleren Gebäudeteil kaum mehr als ein Zimmer tief zeigt der leider sehr heruntergekommene Gebäudekomplex nach vorne eine breitgelagerte neugotische Schaufassade, während er dem benachbarten Gehöft die kahle Rückseite zuwendet. Das Anwesen, das trotz seines Namens wohl nie eine richtige Burg war, gehörte früher zum Stift Schwarzrheindorf. Eine Wetterfahne mit der Jahreszahl 1871 läßt auf das Entstehungsdatum des heutigen Gebäudes schließen, das sein gesamtes Erscheinungsbild der im 19. Jahrhundert auflebenden Burgen- und Schlösserromantik verdankt. Die verschiedenen, insgesamt winkelförmig angeordneten Gebäudeteile deuten in ihrem versatzstückartigen Grundriß eine Wiederaufnahme des Ehrenhofmotivs an. Einerseits sind Attribute wie der polygonale Eckturm, der torbauähnliche Eingangsturm und die weitgehende Zinnenbekrönung dem Burgenbau entlehnt, und andererseits ist der Gebäudekomplex in seiner Breitenwirkung auf einen schloßähnlichen Eindruck angelegt, wozu auch der trotz mangelnder Raumtiefe großzügige Treppenaufgang im Mittelteil beiträgt.

Schallenburg

Schallenburg,
Hauptburg auf eigener Insel und versetzter Wirtschaftshof außerhalb des Grabensystems

Am östlichen Ortsrand von Schwadorf liegt in einem lichten Park eine der kleinsten, zugleich aber auch der romantischsten und baugeschichtlich interessantesten Wasserburgen in der Umgebung Brühls, die Schallenburg. Sie besitzt noch das alte mit Wasser gefüllte Grabensystem und besteht aus einer Hauptburg auf eigener Insel und einem kleinen, nahezu bilderbuchartig wirkenden, rückwärtig angelagerten Fachwerkwirtschaftshof.

Ihren Namen erhielt die Schallenburg nach dem weitverzweigten Geschlecht der Schall von Bell, das schon in Urkunden des 12. Jahrhunderts genannt wird und dessen Sitz seit dem 15. Jahrhundert die Schwadorfer Burg war. Der berühmteste Träger dieses Namens wurde später Johann Adam Schall von Bell, der in der Mitte des 17. Jahrhunderts im fernen Reich der Ming- und Mantschu-Kaiser als T'ang Jowang vom Missionar zum Mandarin erster Klasse aufstieg.

Eine genaue Datierung der Entstehungs- und Baugeschichte der Schallenburg ist durch viele im Laufe der Zeit erfolgte Umbauten erschwert. Die Hauptburg ist eine T-förmige zweigeschossige Anlage aus verputztem Backstein. Der parkseitige Trakt mit seinen Treppengiebeln und den beiden runden Türmen an der Nordwest- und Südostecke ist der ältere Teil der Hochburg. Dieser Hauptflügel stammt in seinem Kern wohl noch aus dem 16. Jahrhundert und läßt in seinem Grundriß und den angegliederten Türmen auch heute noch den spätgotischen Ursprung erkennen.

Johanna Margarethe Schall von Bell brachte das Anwesen 1694 dem Vincenz Ignaz Freiherrn von Erlenkamp in die Ehe ein. In dieser Zeit dürfte der Anbau auf der dem heutigen Wirtschaftshof zugewandten Seite des Hauptflügels entstanden sein, der etwa gleichzeitig durch größere Hausteinfenster und das prächtige Portal in der Mittelachse der Repräsentationsfront einen barocken Akzent erhielt. Die rundbogige Türöffnung des reichgegliederten Portals aus Trachyt ist von Pilastern flankiert, die als oberen Abschluß auf einem Gesims einen Segmentgiebel tragen. In den Zwickeln zwischen Türbogen und Pilastern befinden sich Blattwerkornamente.

Im Jahre 1762 übertrug Anna Ernestine von Erlenkamp die Burg ihrem Vetter Clemens August Freiherrn Schall von Bell zu Morenhoven. Der Anlaß dieser Übertragung war wohl die Eskalation einer Auseinandersetzung, die schon Generationen von Burgherren mit dem in Schwadorf begüterten Kölner Severinsstift geführt hatten. Erzbischof Friedrich von Schwarzenburg hatte 1109 dem Stift die Vogtei über den Ort geschenkt, und die adeligen Besitzer der Schallenburg empfanden es stets als Makel, daß sie wie die unfreien Bauern abgabepflichtig waren, obwohl sie aufgrund ihres Besitzes zu den Landständen zählten, d. h. Mitglieder des kurkölnischen Landtages waren. Das Freifräulein von Erlenkamp hatte 1760 ihren neuen Halbwinner angewiesen, dem Amtmann, der die Herrlichkeit Schwadorf für das Stift verwaltete, den pflichtschuldigen Untertaneneid zu verweigern. Es kam zum Rechtsstreit, in dem der neue Besitzer das Reichskammergericht in Wetzlar anrief, das jedoch 1776 zugunsten des Stifts entschied. Nachdem Clemens August Schall von Bell auch in einer Auseinandersetzung um die Jagdrechte auf der Schwadorfer Heide gegen das Severinsstift unterlag, verkaufte er 1788 das Anwesen an Arnold Spürk, der aus einer vormaligen Burghalfenfamilie stammte. Nächster bürgerlicher Burgherr wurde 1857 der vom Niederrhein zugewanderte Carl Wilhelm Koch, dessen Nachkommen noch heute die Burg besitzen.

Bis zu dieser Zeit stand der Wirtschaftshof nicht an der heutigen Stelle, sondern als wasserumwehrte Vorburg auf der entgegengesetzten Seite des Haupthauses, wie noch heute die Führung des Grabens erkennen läßt. Da nach dem Vorbesitzer ein großer Teil der 1669 noch 228 Morgen umfassenden Ländereien durch Erbteilung bis auf ca. 15 ha abgesplittert war, erschien die große hufeisenförmige Vorburg dem neuen Eigentümer wohl zu weiträumig für seinen Bedarf. Überdies mag sie auch seinem Wunsch nach einer repräsentativen Ansicht des Herrenhauses im Wege gestanden haben. Jedenfalls riß er die Hofgebäude kurzerhand ab, um mit dem so gewonnenen Baumaterial das wesentlich verkleinerte, ebenfalls hufeisenförmige „Höfchen" auf der rückwärtigen Südseite der Hauptburg zu errichten. Die überzähligen Dachsparren wurden recht praktisch genutzt, um daraus neue Fensterkreuze für das Haupthaus zu schreinern. Durch den Abbruch der Vorburg wurde deren geräumige, annähernd rechteckige Insel frei, die von der Zufahrt aus über die erhaltene äußere Backsteinbrücke mit Torpfeilern erreichbar ist. Das ehemalige Vorburggelände ist gärtnerisch gestaltet, ein offenes Rondell unterstreicht das Bemühen um ein großzügiges Erscheinungsbild. Von dort führt eine weitere Backsteinbrücke unmittelbar zum Portal der Hauptburg auf eigener, unregelmäßig angelegter Insel. Mit dem verlegten Wirtschaftshof außerhalb des Grabensystems ist die Rückfront des Herrenhauses durch eine schlichte Holzbrücke verbunden. Um 1900 entstanden die Laternenaufbauten auf den beiden runden Flankiertürmen, die mit ihren umlaufenden Sprossenfenstern den barocken Schieferhauben einen eigenwilligen Akzent verleihen.

Die Schallenburg wurde im letzten Weltkrieg beschädigt, von den Eigentümern aber unter großen finanziellen Opfern und mit Beihilfen der Denkmalpflege wiederhergestellt und renoviert. Im Jahre 1957 wurden die Dächer der Vorburg erneuert. In den Jahren 1958–1963 erfolgte eine Renovierung des Haupthauses. 1975 schließlich wurden die Kriegsschäden am östlichen Turm beseitigt. Er erhielt eine völlig neue Laterne nebst Dach.

Die Schallenburg ist heute an zwei Familien vermietet. Im Inneren der Burg ist vor allem ein barockes Treppenhaus erwähnenswert, das von einer Kölner Decke abgeschlossen wird. Die Erhaltung der Burg erfordert wie bei den meisten Objekten dieser Art beträchtliche Mittel, zumal ihr Bestand durch den schwankenden Grundwasserspiegel gefährdet ist.

Kendenich

Kendenich,
kubusförmiges Herrenhaus mit mehrfach geschweiftem
Barockdach von Nordosten gesehen
vor der Renovierung

Sechzig Meter über der Rheinebene erhebt sich weithin sichtbar am oberen Hang des Vorgebirges unweit Hürth das mächtige Herrenhaus von Schloß Kendenich. Bei näherer Betrachtung erkennt man, daß es sich um eine geschlossene Anlage mit Wassergräben und umbautem Vorhof, genau genommen also um eine Burg handelt. Bautypologisch zwar völlig falsch, aber im übertragenen Sinne noch am ehesten gerechtfertigt wäre es, gerade Kendenich als „die Höhenburg" unter den Erftkreisburgen zu bezeichnen, denn von hier aus öffnet sich ein herrlicher Blick auf die Rheinebene, die Stadt Köln und den Kölner Dom.

Die durch Bodenfunde nachgewiesene Siedlungsgeschichte dieses exponierten Bereichs führt bis in die La-Tène-Zeit des vierten vorchristlichen Jahrhunderts zurück. Mehr als ein halbes Jahrtausend später stand etwa an der Stelle der heutigen Burg eine römische Villa. Eine Mutmaßung führt die Ortsbezeichnung Kendenich auf einen Cantinius zurück, der in diesem Winkel der Provinz Germania Inferior einen Gutshof angelegt haben soll. Auch die in das von den Römern aufgegebene Gebiet nachrückenden Franken wußten die Vorteile der Ortslage zu schätzen, wie ein Gräberfeld aus dem 6.-7. Jahrhundert nach Chr. belegt. Möglicherweise leitet sich die Namensgebung auch davon ab, daß damals hier eine Centena, d. h. eine Hundertschaft von wehrfähigen Männern mit dem Sitz des Centgrafen ihr „kommunales Verwaltungszentrum" hatte.

Der Herrenhof zu „Cantinich" im Kölngau ist erstmals im Jahre 941 in einer Schenkungsurkunde des Erzbischofs Wichfried von Köln erwähnt. Seit dem 13. Jahrhundert waren die Herren von Kendenich Lehensmannen des Kölner St. Ursula-Stifts. Schon damals wird hier, in unmittelbarer Nachbarschaft und

Kendenich, Blick von Süden über den Teich der Hauptburg auf den Ostflügel der Vorburg

Kendenich,
Südwestaussicht des
renovierten Haupthauses

sicher auch mit Verbindungen zu der früheren romanischen Kirche, ein Herrensitz bestanden haben, über dessen bauliche Struktur wir nur Vermutungen anstellen können. Der Familie von Kendenich folgten die Walraven, Orsbeck und Reuschenberg im Besitz des Hauses, Geschlechter also, die die enge Bindung Kendenichs an Köln belegen.

Das heute noch bestehende Herrenhaus wurde nach 1660 von Johann Sigismund Raitz von Frentz unter Verwendung mittelalterlichen Mauerwerks errichtet. Das dreigeschossige Gebäude erhebt sich über annähernd quadratischem Grundriß, hat gegen Westen sechs, nach den anderen Seiten je fünf Fensterachsen und trägt ein mehrfach geschweiftes, durchgehend geschiefertes Glockendach, das von einer Zwiebelhaube bekrönt wird. Kleinere zwiebelförmige Eckaufsätze betonen den kubischen Baukörper, der neben Ahnensaal, Bibliothek und Küche dreißig Zimmer beherbergte.

Die Vorburg ist eine dreiflügelige hufeisenförmige Anlage, von vier Ecktürmen begrenzt, die ebenfalls zwiebelförmige barocke Hauben tragen. Der östliche Teil der Vorburg wurde 1667 von Johann Sigismund von Reuschenberg errichtet. Im Jahre 1771 ließ der damalige Besitzer Maria Franz Jakob Gabriel de Groote, Bürgermeister von Köln, den dem Herrenhaus gegenüberliegenden Nordflügel ausführen. Der Westflügel stammt im Aufgehenden aus dem 19. Jahrhundert.

Unter de Groote erlebte Kendenich seine wohl glanzvollste Zeit. Der Bürgermeister, der von hier aus täglich zur Erfüllung seiner Amtsgeschäfte mit dem Landauer als „Pendler“ in die Domstadt fuhr, machte Kendenich zu seiner „Residenz“. Das Herrenhaus wurde zu einem der gesellschaftlichen Zentren jener Zeit. Auch baulich gestaltete de Groote das gesamte Anwesen herrschaftlich und repräsentativ. So ließ er die Bogenbrücke aus Backsteinen

Kendenich, Osttor der Vorburg, im Giebelfeld Allianzwappen von Groote und Pütz

errichten, die vom Vorhof über den Weiher zum Herrenhaus führt und mit ihrem letzten Bogen eine frühere Zugbrücke ersetzt. Das Geländer aus geschweiften Trachytsäulen wurde zwar nach dem Zweiten Weltkrieg zum Teil in Muschelkalk erneuert, mußte aber inzwischen erneut völlig restauriert werden. Am Brückenaufgang und -ende präsentierten zu de Grootes Zeiten je zwei sitzende und liegende steinerne Löwen die Wappen der Besitzer, das de Grootes und das seiner Frau Maria Ursula zu Pütz. Ein Allianzwappen von Groote und von Pütz schmückt auch das Osttor der Vorburg, von dem aus der Weg nach Köln führte, und das der Hausherr besonders prächtig ausgestalten ließ.

Wenn es auch nach Jakob Gabriel de Groote etwas stiller um Kendenich wurde, so behielt es doch für nahezu zwei Jahrhunderte seine Funktion als Sitz rheinischer Adelsfamilien bei. Im Jahre 1821 heiratete Philipp von Kempis die Erbin Maria Theresia Walburga de Groote, und 1842 ließ das Paar durch den Schinkelschüler Anton Wallé die Innenräume und das Portal des Herrenhauses im klassizistischen Stil erneuern.

Nachdem 1963 die im Krieg zerstörten Dächer wiederhergestellt und die sanitären Anlagen auf einen zeitgemäßeren Stand gebracht waren, erwarb 1964 die Gemeinde Hürth das Anwesen von der Erbengemeinschaft von Kempis. Schon nach kurzer Nutzung mußte das Schloß jedoch wieder geräumt werden, weil sich klaffende Risse im Gemäuer zeigten. Private Bemühungen um die Renovierung scheiterten wie bei Burg Gleuel an der Geldnot der Gemeinde und ermöglichten allein die notdürftige Sicherung durch Zuganker und mächtige Stahlverklammerungen. Der endgültige Verfall schien nicht mehr aufzuhalten.

1981 erwarb der Kaufmann Herbert Hillebrand, der das „Sammeln“ von Burgen zu seinem „Hobby“ gemacht hat, das Anwesen. Die Renovierungsarbeiten, an deren immensen Kosten sich das Land Nordrhein-Westfalen beteiligte, konnten bereits im darauffolgenden Jahr abgeschlossen werden. Da die Bauschäden auf einem hangseitigen Wegrutschen des Untergrundes beruhten, mußte das Herrenhaus aus statischen Gründen völlig entkernt und innen komplett erneuert werden. Vorburg und Haupthaus wurden gleichermaßen zu Mietwohnungen umgebaut. In seiner am historischen Befund orientierten Farbigkeit — das Herrenhaus ockergelb geschlämmt und der ehemalige Wirtschaftshof in rotem Backstein — hat das insgesamt 42 Wohneinheiten beherbergende Anwesen wieder vieles von seiner einstigen Austrahlungskraft weit in das Land hinein zurückgewonnen.

Efferen

Efferen,
Hofansicht von Torturm und Herrenhaus

Burg Efferen, repräsentative Straßenfront des Herrenhauses aus dem 18. Jh.

Wenn auch Efferen während des letzten Krieges schweren Bombenangriffen ausgesetzt war, blieb das Wahrzeichen des Orts, die aus einem mächtigen Torturm mit angebautem Herrenhaus bestehende ehemalige Wasserburg, relativ unversehrt. Burg Efferen ist von erheblicher landesgeschichtlicher Bedeutung und hat mit ihrem Turm ein mittelalterliches Zeugnis der Burgenbaugeschichte bewahrt.

Der aus Feldbrandziegeln errichtete Torturm besitzt drei durch Werksteinfenster aus Drachenfelstrachyt gegliederte Obergeschosse und ist im Untergeschoß, dem eigentlichen Tor also, mit Bossenquadern verblendet. Ursprünglich war er nur über eine Zugbrücke erreichbar, deren Anschlag und Kettenschlitze man noch am Torbogen erkennen kann. Kragsteine im Obergeschoß zeugen von ehemals dort angebauten Erkern. Begleitet wird der Torturm von einem polygonalen Treppenturm auf der Herrenhausseite. Die welsche Barockhaube erhielt der mittelalterliche Turm allerdings erst Ende des 17. Jahrhunderts.

Der Turm ist der Überrest einer gotischen Wehranlage. Mutmaßungen, daß sie auf römischen Grundmauern errichtet war, haben sich dagegen nicht erhärten lassen. Möglicherweise stammen aber Steine, die bei den Substruktionen verwendet wurden, von der römischen Wasserleitung, die den Ort Efferen tangierte.

Seit Ende des 7. Jahrhunderts und während des gesamten Mittelalters war das Kölner Stift Maria im Kapitol Grundherr in Efferen, das als Lehen vergeben wurde. Aber erst für das 14. Jahrhundert wird uns die Geschichte der Burg greifbar. Damals war sie im Besitz des Kölner Patriziergeschlechts von Overstolz und wichtiger Vorposten der freien Reichsstadt gegen die Kölner Erzbischöfe, die nach dem Verlust von Köln in der Schlacht bei Worringen im Jahre 1288 immer wieder versuchten, die Stadt zurückzuerobern. Um Köln gegen den Erzbischof Friedrich von Saarwerden zu sichern, der sie von der Burg Bachem her bedrohte, besetzten stadtkölnische Truppen 1391 die Burg Efferen, die auf Kosten der Stadt Köln ausgebaut und verstärkt wurde. Sie erhielt damals wohl vier Türme, von denen einer heute noch erhalten ist. Wenig später, 1393, kam es im Rahmen dieser Auseinandersetzung zu einem Vergleich, nach dem die Herren von Efferen, wie sich die hier ansässige Linie der Overstolz inzwischen nannte, Ämter im Gefolge des Herzogs von Jülich übernahmen, während Heinrich von Cuesin die Burg Efferen zum Lehen erhielt. Andere Kölner Patriziergeschlechter folgten ihm im Besitz der Burg. Über den baulichen Zustand des Anwesens in dieser Zeit erfahren wir nichts.

In der Mitte des 18. Jahrhunderts wurde die Anlage grundlegend verändert. Der Besitzer Freiherr Carl Franz von Bourscheidt ließ durch den Baumeister Christian Birkenhus auf den mittelalterlichen Fundamenten das neue Herrenhaus errichten, so wie es uns im wesentlichen bis heute erhalten ist. Das siebenachsige zweigeschossige Haus ist ebenfalls in Feldbrandziegeln ausgeführt und von einem hohen gebrochenen Mansarddach bekrönt, das in zwei Geschoßreihen Dachgauben mit leicht geschwungenem Abschluß trägt. Das Gebäude zeigt in Maierankern als Entstehungsdatum die Jahreszahl 1769. Ein Mittelrisalit mit Spitzgiebel betont die repräsentative Ansicht zur Bachstraße hin. Im Giebelfeld des in strenger Ordnung eingefaßten Risalits finden wir das steinerne Wappenschild der Bourscheidts. Darunter, im ersten Obergeschoß, fügt sich das reiche Rokokogitter eines Zierbalkons harmonisch in die Fassade ein.

Die gesamte Burg war ursprünglich von einem Wassergraben umgeben, der jetzt vollständig zugeschüttet ist. Von den einst wohl ausgedehnteren Parkanlagen ist im wesentlichen nur noch die den Herrensitzcharakter unterstreichende Allee vorhanden.

Gleuel

Burg Gleuel,
Blick von Osten auf die Hauptburg
nach Abschluß der Renovierung

Noch heute von Wassergräben ganz umschlossen und in einem kleinen Landschaftspark gelegen, wirkt Burg Gleuel im Kern der gleichnamigen Ortschaft wie eine Insel der Beschaulichkeit. Bereits im Mittelalter war die Wasserburg weit weniger an den waffenklirrenden Auseinandersetzungen der Zeit beteiligt als ihre damaligen Besitzer.

Schon vor der Jahrtausendwende existierte hier ein Salhof, den der Frankenkönig Zwentibold im Jahre 898 dem Stift Essen schenkte, und der in der Mitte des 13. Jahrhundert an das Kölner Domstift gelangte. Bereits damals nannten sich dessen dortige Lehensträger nach dem Ort.

Die zum kurkölnischen Landtag berechtigten Ritter von Gleuel waren der Stadt Köln stets eng verbunden und stellten einige Kölner Bürgermeister. Im Jahre 1260 kämpfte ein Gerard von Gluele mit den Kölner Bürgern gegen den Erzbischof Konrad von Hochstaden, der den 1258 durch Albertus Magnus vermittelten „Großen Schied" durch Gefangennahme und Erpressung Kölner Bürger zu annulieren suchte. Im März 1463 gehörte Junker Heinrich von Gluwel zu den Unterzeichnern der Erblandesvereinigung, die bis zur Säkularisation die Verfassungsgrundlage des Kurstaates blieb. Vorangegangen war die 49jährige Regentschaft des Erzbischofs Dietrich von Mörs, dessen dauernde Fehden und prunkvolle Hofhaltung völlig zerrüttete Finanzen hinterlassen hatte, und der zur Empörung der Landstände noch nicht einmal davor zurückgeschreckt war, die Reliquienschreine und heiligen Geräte des Erzstifts an jüdische Geldgeber zu verpfänden. Die Erblandesvereinigung setzte sich aus den 72 hochadeligen Domherren, den Grafen von 11 Herrensitzen, den Rittern von 227 Rittersitzen und 17 Städten zusammen. Diese Ständevertretung behielt sich gegenüber dem Erzbischof erstmalig die Steuerbewilligung vor.

Der nach heutigen Maßstäben nicht minder geldgierige und skrupellose Nachfolger Dietrichs von Mörs wurde 1463 Ruprecht von der Pfalz, der als erstes die durch seinen Vorgänger verpfändeten Städte, Burgen und Landesteile den jeweiligen Inhabern mit Waffengewalt wieder entriß und mit Gewalt versuchte, den Städten Kontributionen aufzuerlegen, obwohl er das Steuerbewilligungsrecht der Stände beschworen hatte. Domkapitel und Landtag sagten sich 1473 von ihm los und nahmen den Kampf auf, der mit dem Burgundischen Krieg 1474/75 gegen den Verbündeten Ruprechts, Karl den Kühnen, seinen Höhepunkt fand. Die Entscheidung brachte das von Kaiser Friedrich III. entsandte Reichsheer. Zuvor jedoch hatten die Kölner den Kaiser für 30 000 Gulden von Augsburg losgekauft, wo man ihn seiner Schulden wegen festhielt. Das für Köln wohl wertvollste Dankesgeschenk Friedrichs III. war die Erklärung zur freien Reichsstadt 1475. Als stadtkölnischer Rittmeister führte in der bewegten Zeit von 1449 bis 1474 Göddert von Gleuel die städtischen Streitkräfte, die Funken.

Nach dem Aussterben der Familie von Gleuel belehnte die Dompropstei 1550 einen Ritter Schall von Bell mit dem Besitz. Im Jahre 1630 erwarb die Familie von Cölln die Burg. Der Kölner Ratsherr Johann von Cölln ließ 1632 das Burghaus in der heutigen Form errichten, woran noch ein im Giebel eingemauerter Stein mit dieser Jahreszahl erinnert.

Nachdem das Gut 1730 durch Erbkaufvertrag wieder an das Kölner Domkapitel gelangt war, kam es nach der Säkularisation um 1802 an die Familie Felten, von der es 1907 die Familie Berk erwarb. Im Jahre 1969 schließlich wurde die Gemeinde Hürth Eigentümerin, ohne jedoch einen geeigneten Verwendungszweck für das Haus zu finden. Seit 1976 ist Burg Gleuel wieder in privater Hand und inzwischen auch renoviert und vom neuen Eigentümer, dem Architekten Ahlert, als Wohn- und Bürobau genutzt.

Das Herrenhaus der Gleueler Burg ist ein zweigeschossiger, in weiß geschlämmtem Backstein ausgeführter Winkelbau, dessen Trakte unterschiedliche Geschoßhöhen aufweisen. Der der Straße zugekehrte sechsachsige Flügel endet mit einem mehrfach geschweiften schmucken Treppengiebel, der andere, vierachsige Flügel ist abgewalmt. Vom Park aus führt eine schmale Backsteinbrücke auf leicht geschwungenem Bogen über den Graben zum giebelseitigen Eingang des Herrenhauses, dem hier zur Hofseite hin ein kleinerer, teilweise in Fachwerk errichteter Anbau angefügt ist.

Während das Äußere des Herrenhauses von Burg Gleuel noch weitgehend dem Zustand von 1632 entspricht, hat von der Innenausstattung nur weniges den Lauf der Zeiten überstanden. Beachtenswert sind jedoch die erhaltene Kölner Decke mit den Wappen derer von Cölln und von Mülheim aus dem Jahre 1685, die um die Jahrhundertwende entstandenen Wandmalereien und das eichenholzgetäfelte Treppenhaus. Die mit mehr als 10 000 Bänden ausgestattete Bibliothek enthält einen reich verzierten englischen Sandsteinkamin aus dem Beginn des 18. Jahrhunderts.

Der eigentliche Hauptzugang zur Burg führt von Nordosten über die ältere Brücke, auf deren Brüstungen beiderseits der Toreinfahrt zwei Marmorlöwen aufgestellt sind, in den hufeisenförmigen Wirtschaftshof, der zusammen mit dem Haupthaus eine nahezu geschlossene Hofanlage bildet. Vermutlich war Burg Gleuel wie die meisten Wasserburgen einst eine zweiteilige Anlage, deren innerer Graben zwischen Herrenhaus und Vorburg später wieder zugeschüttet wurde. Möglicherweise geschah dies auch, um mehr Raum für die langgestreckten Wirtschaftsbauten zu schaffen. Die teilweise in Fachwerk aufgeführten Hofgebäude stammen in ihrer heutigen Form aus dem 18. und 19. Jahrhundert.

SOLI DEO
GLORIA
1632

Schallmauer

Schallmauer,
instandgesetztes Haus in rekultivierter Umgebung

Schallmauer, barockes Herrenhaus inmitten der Braunkohlenlandschaft

Inmitten einer ausgekohlten, jedoch rekultivierten Landschaft liegt zwischen Gleuel und Neu-Berrenrath Burg Schallmauer. Das alte, weiter südöstlich gelegene Berrenrath mußte der Tagebaugrube Engelbert weichen, und auch von der einst wasserumwehrten Burganlage am nördlichen Ausgang des neuen Orts hat lediglich das schlichte, aber wohlproportionierte Herrenhaus den Braunkohlentagebau überstanden.

Ihren Namen hat die Burg nach dem vormals hier gelegenen Moor, das der auf Burg Gleuel residierenden Familie Schall von Bell zum Lehen gegeben war. Eine ältere Burg Schallmauer, über deren bauliche Gestaltung wir nur Vermutungen anstellen können, war seit der Mitte des 16. Jahrhunderts im Besitz des Kölner Domstifts und diente als Sommerresidenz der Dompröpste. Im Jahre 1673 wurde der geruhsame Landsitz in waldreicher Umgebung von niederländischen Truppen eingeäschert. Um die Wiederaufbaukosten zu sparen, verlieh das Domkapitel den freiadligen Sitz an die Domherren Christian Friedrich und Johann von Geyr, deren Neffe Rudolf Adolf das Anwesen 1702 erbte und 1714 das heutige Gebäude erbauen ließ. Vermutungen, daß der Bonner Hofbaumeister Michael Leveilly den Plan dazu entwarf, müssen aufgrund dieser Zeitangabe bezweifelt werden, denn Leveilly kam erst 1715 mit dem Kölner Kurfürsten Josef Clemens nach Bonn.

In der Folgezeit wechselte Schallmauer durch Einheirat und Erbschaft mehrfach den Besitzer. Das Haus war damals von einem weitläufigen Park umgeben, in dem eine Quelle entsprang, die nach dem Zeugnis eines Dr. Heiß vom Jahre 1799 Heilkraft besitzen sollte. Auf den „Geschmack gekommen" war angeblich während eines Besuchs der Kurfürst Maximilian Heinrich, der, durstig geworden, den Sauerbrunnen kostete und für köstlich befand. Ihm verdankte die heute längst verschwundene Quelle ihren Namen Maximiliansborn.

Auch Schallmauer war in jener Zeit eine zweiteilige, von Wassergräben umgebene Burganlage. Die nördlich des erhaltenen Haupthauses gelegene hufeisenförmige Vorburg verschwand um die Mitte unseres Jahrhunderts völlig im Abraum des Umlandes. Heute läßt die Böschung, die wenige Meter vom Hauseingang entfernt zum neu entstandenen Gotteshülfesee hin abfällt, kaum erahnen, daß sich dort einst Stallungen, Wirtschaftsgebäude und Gesindeunterkünfte um einen Hof gruppierten. Von der ehemaligen Vorburg aus führte bis in die 60er Jahre eine Backsteinbrücke auf mehreren Bögen zum Haupthaus, das auf einer ovalen Insel inmitten eines ausgedehnten Weihers stand.

Nach einer vorübergehenden Nutzung des inzwischen trockengelegten Haupthauses als Mietwohnung durch die Firma Rheinbraun stand Burg Schallmauer lange Zeit leer und verfiel zusehends, bis 1978 ein Privatmann das Anwesen erwarb und die bitter notwendige Renovierung tatkräftig in Angriff nahm.

Inzwischen ist das Haus im zumindest äußerlich nahezu authentischen Zustand wiederhergestellt. Der dreigeschossige verputzte Backsteinbau mit drei mal zwei Fensterachsen erhielt einen licht ockerfarbenen Anstrich, die Werksteinfassungen der Fenster und Türen sind grau abgesetzt. Im Innern mußten allerdings neue Decken und Treppen eingezogen werden. Erhalten blieben dagegen die Balken im Dachgeschoß, die das mächtige Mansarddach mit seinen malerischen Dachhäuschen tragen. Andere Balken aus dem ansonsten unbrauchbaren alten Bestand dienen, auf den erhaltenen Tragsteinen angebracht, in einem der Räume des Kellergeschosses als Dekoration.

Auch die unmittelbare Umgebung von Schallmauer hat ihren gepflegten Charakter wiedergewonnen. Vom früheren Baumbestand haben jedoch nur zwei Baumveteranen beiderseits des Hauses die Stürme der Zeit überdauert, so die mächtige Blutbuche, deren Zweige sich einst im Burgweiher spiegelten.

Der Erhalt von Burg Schallmauer ist um so erfreulicher, als das Haus trotz seiner Schlichtheit ein interessantes Architekturdenkmal des beginnenden 18. Jahrhunderts darstellt, das die Entwicklung vom Landhaus zur später wesentlich aufwendiger gestalteten Maison de plaisance andeutet.

Bachem

Bachem,
Westansicht der Hauptburg,
freigelegtes und restauriertes Backsteinmauerwerk

Burg Bachem, Ostansicht der winkelförmigen Hauptburg

Die Bedeutung eines Bachlaufs für die Anlage von Wasserburgen, das Betreiben von Mühlen, für das frühere Wirtschaftsleben überhaupt, hat sich in der Ortsbezeichnung Bachem, in fränkischer Zeit „Bachheim", unmittelbar niedergeschlagen. Erstmals urkundlich erwähnt ist Bachem im Jahre 866. Damals schenkte die edle Frau Hiebildis ihre Güter in Bachem, darunter die der hl. Maria geweihte Kirche, einen Herrenhof und drei Mühlen, unter Ausbedingung des lebenslangen Nießbrauchs dem Kloster Prüm in der Eifel. Schon im frühen Mittelalter speiste der auch Lohn genannte Bach in Bachem die Gräben dreier Burgen: Antonius-Bachem und Hemmerich an den beiden Ausgängen des Dorfes und die Burg Bitz in dessen Mitte. Burg Bachem erhielt ihren früheren Namen Antonius-Thoyns- oder Thoetz-Bachem — heute würde man Tünnes sagen — wohl zur Unterscheidung von Burg Hemmerich, als diese zu Beginn des Mittelalters ebenfalls schlicht Burg Bachem hieß.

Von Burg Hemmerich sind lediglich einige Grundmauern erhalten, während die heutige Burg Bachem noch teilweise auf den Fundamenten der Burg des Ritters Antonius von Bachem ruht, der ihr den erwähnten Namen gab und in Urkunden von 1256 und 1280 genannt wird. Aus dieser Zeit stammen auch die Fundamente eines staufischen Wohnturmes, die eine Grabung von 1974 zutage brachte. Etwa 200 Jahre blieb die Burg Sitz derer von Bachem, bis sie 1420 durch Heirat der Irmgard von Bachem mit Werner von Palant an diese Familie überging und für lange Zeit, wenn auch mit kurzen Unterbrechungen, in deren Besitz blieb. Wiederum durch Heirat und Erbfolge gelangten 1506 das niederländische Geschlecht der späteren Grafen von Culemborg und 1607 die Familie Waldeck-Arolsen in den Besitz der Burg.

Das von seinen jeweiligen Eigentümern selbst nicht mehr bewohnte Burggebäude war allerdings inzwischen, im Truchsessischen Krieg, zweimal geplündert und schließlich, im Jahre 1583, endgültig zerstört worden. Bis nach dem dreißigjährigen Krieg lag die Burg in Trümmern. Ab 1648 ließ sie dann die Familie Waldeck durch ihren Schultheiß Wilhelm Cramer mitsamt den Stallungen wieder errichten. Die Baurechnungen von damals sind noch erhalten. Danach wechselten durch Kauf noch mehrfach die Eigentümer. Als wesentlich für die Bauentwicklung zu nennen sind die Freiherren von Geldern zu Arcen, die 1714 in den Besitz des Anwesens gelangten und 1786 die Wirtschaftsgebäude erneuerten, sowie Egon Graf von Fürstenberg-Stammheim, der die Burg 1836 erwarb und eine Neugestaltung des Innenausbaus vornahm.

Seit 1908 stand die Wasserburg weitgehend leer, bis sich 1970 Kaspar Freiherr von Fürstenberg entschloß, das Gebäude zu renovieren und als Baudenkmal zu erhalten. Als besonders erschwerend erwies sich dabei ein um die Jahrhundertwende angebrachter Dichtungsputz. Die Außenflächen des Herrenhauses wurden damals mit einem wasserdichten Zementputz versehen, der in der Folge durch Kondensstau die Steine zermürbte. Nach der mühevollen Freilegung mußte jetzt das bröckelnde Mauerwerk teilweise bis zu anderthalb Steinen tief erneuert werden. Zement fand nunmehr allein bei den anstelle verfaulter Holzbalkendecken eingezogenen Stahlbetondecken Verwendung, die gleichzeitig als Gebäudeklammern dienen. Inzwischen sind die umfangreichen und kostspieligen Restaurierungsarbeiten beendet.

Man erreicht das Anwesen durch eine Allee. Von der Vorburg mit ihren beiderseits der Hofachse gelegenen winkelförmigen Wirtschaftsgebäuden führt eine um 1650 errichtete und ebenfalls renovierte dreibogige Ziegelsteinbrücke zur Hauptburg. Der um die Burginsel wieder ausgebaggerte Teich umschloß einst auch den mit eigener Zugbrücke versehenen Wirtschaftshof. Das zweiflügelige gewinkelte Herrenhaus mit einem Rundturm an der nordöstlichen Außenecke ist wie die Vorburg zweistöckig und einheitlich in Feldbrandziegeln ausgeführt. Sein kleinerer Flügel wurde 1705/06 in der jetzigen Form errichtet. Von der Innenausstattung ist, wie bei so vielen Burgen, wenig erhalten. Erwähnenswert sind lediglich eine wohlgestaltete Eichentreppe und Kölner Decken aus dem vorigen Jahrhundert.

Bitz

Bitz,
Straßenfront des Herrenhauses,
Zustand während der Renovierungsarbeiten

Haus Bitz, barocker Torbau der Vorburg

Mitten im Frechener Ortsteil Bachem liegt das ehemalige Rittergut Bitz, dessen heutiges Aussehen seine einstige Schönheit nur noch teilweise ahnen läßt. Gartenpläne vom Beginn des vorigen Jahrhunderts zeigen uns eine von zwei breiten Gräben umgebene großzügige Anlage, zu der als einziger Zugang eine Zugbrücke auf der Ostseite führte. An das Herren- und Halfenhaus angegliedert waren die Gesindewohnungen und Wirtschaftsgebäude, die einen nahezu quadratischen, gepflasterten Hof umschlossen. Das ganze war von weitläufigen Gartenanlagen umgeben.

Die Geschichte des Hauses Bitz ist — wenn auch lückenhaft — etwa seit Anfang des 13. Jahrhunderts zu verfolgen. Zu Anfang des 15. Jahrhunderts war das Gut Sitz der Ritter von Hochsteden, im 16. und 17. Jahrhundert nacheinander in den Händen der Freiherren von Palant, der Familien von Bachem und von Hemberg. Im Jahr 1675 erwarb Philipp von Heyringen das Gut, seine Erben, von Wobeser, verkauften es 1734 an den Kölner Kaufmann Jakob Nierstrass. Der sah sich zunächst einem Rechtsstreit gegenüber. Nicht zum ersten Mal wurde die freiadlige Qualität der Bitz bestritten. Der Freiherr von Geldern wollte als Herr der Unterherrschaft Bachem nicht gelten lassen, daß Haus Bitz von Steuern, Lasten und Einquartierungen befreit sein sollte. Im Jahre 1737 kam es zu einem Vergleich: Haus und Hof innerhalb der Gräben behielten die freiadlige Qualität und blieben von Diensten an die Herrschaft Bachem befreit, während der dazugehörige Landbesitz der normalen Besteuerung unterlag. Aus den Händen der Nachkommen von Jakob Nierstrass erwarb 1785 Freiherr Clemens Lothar von Fürstenberg die Bitz mit allen Zubehörungen. Von der Familie Fürstenberg kaufte die Gemeinde Frechen im Jahre 1940 Haus Bitz, das als Unterkunft für den weiblichen Arbeitsdienst dienen sollte. Zur Ausführung dieses Vorhabens kam es allerdings nicht mehr, und Bitz wurde vorübergehend Mietshaus und Veranstaltungsrahmen u.a. für Ausstellungen des Frechener Kunstvereins.

Trotz vielfacher Veränderungen ist das aus dem 18. Jahrhundert stammende Herrenhaus von Bitz im wesentlichen im ursprünglichen barocken Zustand erhalten. Das zweigeschossige Haus in Ziegelbauweise besitzt Werksteingliederungen aus Trachyt. Eine feste Brücke führt über den längst ausgetrockneten Graben zum Eingangsportal. Die Stallungen sind heute bis auf einen Rest verschwunden. Erhalten geblieben ist jedoch eines von ehemals zwei Wachttürmchen mit gebrochenem Mansarddach, die den seitlichen Zugang zum Hof flankierten. Zwischen diesem Tor und dem Herrenhaus ist ein zweigeschossiger, teils in Backstein, teils in Fachwerk errichteter Bau eingeschoben, der wohl der älteste erhaltene Teil der früheren Gesamtanlage ist. Seit 1984 ist Haus Bitz wieder in Privateigentum und wird renoviert, um als Wohnung und Büro zu dienen. Neben einer Bereinigung der Baulichkeiten von jüngerem Beiwerk plant der Besitzer die Wiederherstellung des historischen Wassergrabens.

Vorst

Haus Vorst, Gesamtanlage mit Stallungsneubau

An der Autobahnausfahrt Frechen gelegen wird Haus Vorst, das früher einmal in freiem Gelände lag, von den Trassen moderner Verkehrsführung umklammert. Dennoch vermag das Traber-Gestüt ein Bild ländlicher Abgeschiedenheit zu bieten. Schon seit Jahrhunderten hat das Anwesen gelassen den Stürmen der Zeit widerstanden.

Ein Geschlecht „de Foresto" finden wir urkundlich erstmals 1241 erwähnt. Damals erhielten die Herren von Vorst den Zehnten der Frechener Kirche zum Gebrauch. Wegen ihrer Lage vor den Toren Kölns war die Burg im Mittelalter mehrfach Gegenstand landespolitischer Auseinandersetzungen, denn die aufstrebende Handelsmetropole duldete keine Befestigungen in ihrer unmittelbaren Umgebung, die ihre Unabhängigkeit hätten bedrohen können.

Eine Fehde des Ritters Heinrich von Vorst gegen die Stadt Köln endete 1292 mit seiner Niederlage. Auf Befehl des Königs Adolf von Nassau mußte er sich verpflichten, die Befestigungen niederzureißen und keine neuen aufzuführen. Auch mit seinem Sohn gleichen Namens wurde 1329 ein entsprechendes Abkommen geschlossen, nach dem auf Verlangen des Kölner Rats gegebenenfalls das „Portshuys", wohl ein Tor-Burgturm, abgerissen werden sollte. Weiter verpflichtete sich Heinrich von Vorst, keine festen, also steinernen Bauten zu errichten. Im Jahre 1419 wurde die Burg ein zweites und nach ihrem Wiederaufbau 1476 ein drittes Mal zerstört. Bis 1528 blieb sie Sitz der Herren von Vorst und behielt diesen Namen bis heute, obwohl sich nach ihnen eine Reihe anderer Adelsgeschlechter im Besitz der Burg befanden. Gegenwärtige Eigentümerin ist die Gräfin Pia von Plettenberg, geb. von Fürstenberg.

Vorst ist eine typische Wasserburg mit Vor- und Hauptburg. Die Gebäude des herrschaftlichen Anwesens sind in zwei Gruppen angeordnet, die der auch die Gesamtanlage umgebende Wassergraben trennt. Der älteste Teil ist das barocke Herrenhaus, ein zweigeschossiger fünfachsiger Backsteinbau mit Mansarddach. Die Fensterfassungen und Gliederungen sind aus Trachyt. Den Mittelrisalit krönt ein flacher Dreiecksgiebel mit reichem Rankenwerk, das ein farblich nicht ausgeführtes Doppelwappen umfaßt.

Von der Innenausstattung des Herrenhauses sind erwähnenswert ein Gemälde der Beweinung Christi auf dem barocken Hauptaltar des ansonsten schlichten Kapellenraums sowie in den Zimmern über den Holzkaminen einige Gemälde aus der niederländischen Barocktradition. Dem Herrenhaus seitlich im Winkel zugeordnet befinden sich zwei Remisenbauten, die ebenfalls aus dem 18. Jahrhundert stammen und der Hauptburg einen schloßartigen Charakter verleihen.

An der Stelle der einstigen Vorburg liegt der vorgelagerte Wirtschaftshof, dessen Bauten neueren Datums sind und in jüngster Zeit Schauplatz eines bedauernswerten Ereignisses waren: Paul Erwig, dessen Familie bereits seit Generationen Pächter von Haus Vorst ist, wies bei einem Rundgang durch das Haus voll berechtigten Stolzes auf die Erfolge seiner Traber-Zucht hin, der die Stallungen des Wirtschaftstraktes dienten. Wenig später war zu erfahren, daß ein Brand, bei dem acht der wertvollsten Pferde qualvoll umkamen, die Stallungen zerstört hatte.

Vorst,
Zugang vom Gestütsbereich zum Herrenhaus mit seitlichen Remisen,
Aquarell von Hubert Hannemann um 1975

Neuhof bei Glessen

Neuhof,
trutziges Doppeltor der einstigen Hofesfeste

Eingebettet in die zur Rheinebene hin abfallenden Ausläufer der nördlichen Ville liegt südwestlich von Glessen der Neuhof. Von hier schweift, im Rücken die aus einer langgestreckten rekultivierten Abraumhalde entstandene Glessener Höhe, der Blick zu den markanten Türmen der nahegelegenen Brauweiler Abteikirche und der Silhouette der fernen Domstadt.

Zahlreiche Bodenfunde belegen die Erschließung dieses Landstrichs in römischer Zeit. Die mittelalterlichen Vorgängerbauten des heutigen Neuhofs wurden auf den Resten eines römischen Gutshofs errichtet.

Im Jahre 1292 erwarb Walram II. aus dem Jülicher Herrscherhaus, Herr zu Bergheim, allodiale, d. h. lehensfreie Ländereien zu Glessen. Als er kinderlos starb, ging sein „Nuwenhoyf" in das Eigentum des Grafen Gerhard von Jülich über, der das Anwesen 1312 dem Rabodo von Odenkirchen im Tausch gegen einen Hof in Drove zu Lehen gab. Dessen Enkel gleichen Namens übergab nach einer Urkunde von 1404 dem mit seiner Tochter verheirateten Daem von Fliesteden das Gut gegen eine lebenslängliche Rente, um selbst Wohnung in Köln zu nehmen. Die in dem Vertrag aufgeführten Gebäulichkeiten des Neuhofs, insbesondere „Portz und Borgfried", lassen auf eine stattliche Hofesfeste schließen. Aus dieser Ehe des Daem von Fliesteden ging nur eine Tochter hervor, die 1435 dem Johann von Stommel den Hof in die Ehe einbrachte. Sein Geschlecht blieb jedoch nicht unangefochten im Besitz des Anwesens, denn Daem von Neuenhoff, ehemals von Fliesteden, hatte Nachkommen aus zweiter Ehe, die Anspruch auf das Erbe erhoben und teilweise auch mit Waffengewalt durchzusetzen versuchten. Erst der Sohn des Johann von Stommel, Arnold, erhielt den Hof 1501 durch Spruch der Schöffen von Jülich zugesprochen. Der letzte Manneserbe seines Geschlechts, Adolf, entschloß sich 1600, obwohl „die Wege und Straßen sonderlich bei diesen Empörungszeiten fast gefherlich" waren, zu einer Reise in fremde Lande, von der er nicht zurückkehrte. Danach begannen langwierige Erbstreitigkeiten. Im Jahre 1633 wurden die mit der Familie von Stommel verwandten Freiherren von Elverfeld belehnt, 1654 wurde das Lehen den von der Heiden-Bellerbusch zugesprochen, die sich gegen Ende des 17. Jahrhunderts aber den Besitz mit den Familien von Cronenberg und von Godenau teilen mußten. Im Jahre 1720 wurde die Familie von Braunfeld, die die Anwartschaft auf den Neuhof von der Familie von Cronenberg übernommen hatte, mit dem Gut belehnt, spätestens 1758 waren sie im Alleinbesitz des Anwesens.

Neuhof, Hofansicht des Herrenhauses

Im Jahre 1835 erwarb Friedrich Päffgen, der auf dem Fronhof zu Büsdorf lebte, den Neuhof und kaufte in den folgenden Jahren die übrigen Liegenschaften des Hofs hinzu. Sein Sohn Gottfried heiratete 1862 Catharina Contzen, und das Paar zog auf das Glessener Gut. Zuvor war 1856 anstelle eines älteren Fachwerkgebäudes das große Wohnhaus in Backstein errichtet worden. Die ungewöhnlichen ovalen Öffnungen im Drempelgeschoß unter dem Walmdach betonen die Dominanz des fünfachsigen Herrenhauses gegenüber den 1898 renovierten eingeschossigen Wirtschaftstrakten. Gleichwohl läßt die Lage des großen, von einer Mauer eingefaßten Mistplatzes inmitten der weitläufigen geschlossenen Hofanlage keine Zweifel an deren landwirtschaftlicher Zweckbestimmung aufkommen.

Ein „Wahrzeichen" des Neuhofs ist die der Ökonomie vorgelagerte Toranlage, deren Unterbau aus dem 15. und 16. Jahrhundert stammt. Zwei gedrungene Rundtürme flankieren das erste der beiden Korbbogentore, in dessen Giebelfeld sich ein Ehewappen des Freiherrn Franz von Braunfeld und der Adelheid Henriette von Schiller befindet. Leider sind durch die zunehmende Luftverschmutzung die Jahreszahl 1772 bereits ganz und die Namensinschrift zum großen Teil verwittert. Im Scheitel des hofseitigen zweiten Torbogens finden sich, wie auch auf den Wetterfahnen über den Zeltdächern der beiden Türme, die Initialen GP-CC, die mit der Jahreszahl 1885 an die damalige Wiederherstellung der bei einer gewaltsamen Steuereintreibung in napoleonischer Zeit zerstörten Toranlage durch Gottfried Päffgen und seine Frau Catharina erinnern.

Erwähnenswert sind die Einbettung des Hofs in seine nähere Umgebung, das ebenfalls 1885 errichtete Wegekreuz an der zum Hof führenden Abzweigung, die riesige Ulme, der kleine Park hinter dem Herrenhaus, in dem eine im 18. Jahrhundert mehrfach erwähnte Kapelle gestanden haben soll. Von den ehemaligen Wassergräben sind nur noch spärliche Geländespuren erhalten. Der Teich am Zufahrtsweg ist jüngeren Datums und von der noch heute auf dem Neuhof wohnenden Familie Päffgen als Feuerteich ausgebaut worden.

Junkersburg bei Geyen

Junkersburg, Hofansicht, Blick auf Rundturm und Rückfront des Herrenhauses

Junkersburg, nördliche Zufahrtsfront mit schrägstehendem Giebel

Am Nordrand von Geyen liegt an der Landstraße nach Pulheim die Junkersburg, die in ihren Anfängen wohl der bäuerlichen Bevölkerung als Flucht- und Wehrburg diente.

Bereits 1357 wird die Junkersburg als Kewertsgut urkundlich erwähnt. Obwohl das Territorium der Landeshoheit der Herzöge von Jülich unterstand, war die Burg Geyen Lehen der Kölner Domprobstei, deren Lehensträger als Junker von Geyen im Laufe der Jahrhunderte verschiedene Adelsgeschlechter waren. 1408 wurde Johann von Canis zunächst halber und nach einem Streit vor dem Lehensgericht Alleinbesitzer des von da an Canishof benannten Burggutes. Im Jahre 1443 kam die Burg durch Kauf in den Besitz des alten Kölner Patriziergeschlechts derer von Judde, 1526 finden wir den mit den Juddes verwandten Dietrich von Redinghoven als Besitzer, gefolgt von mehreren Generationen der Familie von Frentz. Die einzige Tochter der Christine von Frentz und ihres Ehemannes Dietrich von Montebroich, Johanna Maria, wurde 1650 im Alter von 11 Jahren von dem „flotten Ritter Johann Peter von Graß aus Fliesteden“ entführt. Der Herzog von Jülich, der sich in die Nachforschungen einschaltete, fand das Töchterlein in Fliesteden verheiratet vor. Zu Lebzeiten des „galanten Raubritters“ von Graß, inzwischen Burgherr in Geyen, brannte der Hof 1664 ab. Die danach errichtete, in ihren wesentlichen Gebäudeteilen bis heute erhaltene Barockanlage kam 1784 an die Familie Raitz von Frentz in Kellenberg. Reinhard Raitz von Frentz verkaufte 1855 den gesamten Rittersitz an Johann Levy Wolff, der das ganze Anwesen parzellenweise weiterveräußerte. Ein Jahr später kaufte die junge Witwe Gudula Hartzheim, die als Pächterin den Hof nach dem Tode ihres Mannes weiter bewirtschaftete, dem Johann Levy Wolff den Hof und die letzten 61 Morgen Land ab. Durch Heirat und Erbfolge gelangte das heute allgemein als Junkerhof bezeichnete Anwesen an die Familie Schumacher, die sich bis in die Gegenwart in vorbildlicher Weise um den Erhalt der Burg bemüht.

Inwieweit die heutige Anlage dem einstigen Zustand entspricht, ist ungewiß. Die Vermutung einer zweiteiligen Anlage hat bislang noch keine Bestätigung gefunden. Ältere Fundamente und der gedrungene runde Wehrturm, der an der Nordseite zu den ehemaligen Stallungen überleitet, stammen vom mittelalterlichen Vorgängerbau. Allerdings deutet der heutige Grundriß des Herrenhauses darauf hin, daß hier beim Wiederaufbau der Burg im 17. Jahrhundert eine Notlösung gefunden werden mußte. Ein mächtiger geschweifter Stufengiebel schließt das Gebäude zur Straße hin schräg ab, und vom Tordurchgang aus führt an dieser Seite ein Mauerdurchbruch in einen nur noch anderthalb Meter tiefen Raum. Vermutlich besaß das Herrenhaus rechts von der in den Innenhof führenden Toreinfahrt vor dem Brand weitere Fensterachsen. Der Hauptbau der ganz in Feldbrandziegeln errichteten Burg wird im Osten von einem übereck gestellten massigen Turm flankiert. Zwei langgestreckte metallene Fabeltierköpfe an der Dachtraufe dienen als Wasserspeier. Das behäbige Mansarddach bekrönt eine schmucke Wetterfahne, deren Inschrift G. H. 1856 auf das Jahr verweist, in welchem Gudula Hartzheim Burgbesitzerin wurde.

Über den an der Repräsentationsfront erhaltenen Wassergraben, der heute lediglich vom barocken bis zum mittelalterlichen Turm reicht, führt eine steinerne Brücke zum erwähnten Hoftor, zu dessen beiden Seiten noch die Kettenschlitze für die früher hier vorhandene Zugbrücke zu erkennen sind.

Fliesteden, Ober- und Unterburg

Fliesteden,
Oberburg,
schlichtes Herrenhaus um 1840

Fliesteden, Unterburg, barocker Eingang des Herrenhauses mit Wappenkartusche

Das Dorf Fliesteden liegt 18 km nordwestlich von Köln zwischen Stommeln und Glessen und weist zwei ehemalige Rittersitze auf, die in einer Talmulde südöstlich der Ortschaft relativ nahe beieinander liegen. Als einstige Burganlagen sind sie für den unbefangenen Betrachter nur schwer zu erkennen. Über den Ursprung der Ortsbezeichnung Fliesteden werden verschiedenartige Vermutungen angestellt. Zum einen wird er von „Fliehstätte", einer Fliehburg also hergeleitet, was nicht eben für ein strategisches Geschick der Begründer spräche, zum anderen wird der Ort mit „vließ", fließendem Wasser also, in Verbindung gebracht, das heute allerdings wegen des Braunkohlentagebaus nur noch in spärlichen, bald wieder im Löß versickernden Rinnsalen vorkommt.

Fliesteden konnte an der Grenze zwischen dem Herzogtum Jülich und Kurköln als „Herrlichkeit" relative Selbständigkeit bewahren. Die Herrschaft hatte eine eigene Gerichtsbarkeit, die von den Herren der beiden Burgen ausgeübt wurde, wie das 1540 aufgezeichnete Dorfrecht anschaulich schildert: „Die beiden herren haben allen gebot und verbot, die beiden herren haben den klockenklang und den weidgang, wildfank und alle gewaltige Sachen. Auch haben die beiden herren zu setzen galgen und rad, um allhie zu richten mit dem Schwert unter der erden und ober der erden."

Wann die Vorgängerbauten der beiden Burgen, der Oberburg, auch einfach „Burg Fliesteden" genannt, und des Frenzenhofs, auch Unterburg oder nach einer Besitzerfamilie des 13. Jahrhunderts Kitzburg genannt, erbaut wurden, ist unbekannt. Ebensowenig wissen wir über die ersten Erbauer.

Die Oberburg ist urkundlich erstmals 1292 als Sitz der Herren von Wickrath genannt. Sie war ursprünglich Lehen des Ursulastifts in Büsdorf. Bemühungen der Herzöge von Jülich, den Besitzern der Oberburg ihre Anerkennung als Lehnsherrn abzutrotzen, blieben seit der Mitte des 16. Jahrhunderts nicht ohne zeitweiligen Erfolg. Aber erst nachdem 1709 der damalige Besitzer der Oberburg, Heinrich von Graß, die Lehnshoheit des Jülichers erneut anerkannt hatte, entsann sich der Kölner Kurfürst seiner alten Rechte und beendete schließlich 1715 den sich verschärfenden Streit, indem er Fliesteden einnehmen und Heinrich von Graß gefangensetzen ließ. Bis zur französischen Revolution befand sich die Oberburg im Besitz verschiedener rheinischer Adelsgeschlechter. Das der Viereckanlage des Wirtschaftshofs angegliederte Wohnhaus ist ein zweistöckiger Backsteinbau mit Kreisöffnungen im Drempel und einem Walmdach. Das Haus entstand um 1840, die Reste von Vorgängerbauten sind nur spärlich und werden zum Teil nur vermutet. Um die Gesamtanlage haben sich jedoch Reste des ursprünglichen Grabensystems erhalten.

Die Unterburg wird erstmalig 1250 als Sitz der Ritter von Stommel erwähnt. Auch hier folgten eine Reihe von Adelsgeschlechtern einander im Besitz. Nachdem sich die Kitz von Fliesteden erfolgreich dem allzu festen Zugriff der regionalen Machtblöcke entzogen hatten, entschied sich mit der Übernahme der Unterburg durch die Raitz von Frentz gegen Ende des 15. Jahrhunderts endgültig deren Zugehörigkeit zum Kurstaat. Die Hofanlage ähnelt in der Grundstruktur der Oberburg. Das verputzte Wohnhaus, 1761 erbaut, wirkt jedoch etwas stattlicher, wohl auch wegen des behäbigeren Mansarddachs. Über dem hübschen barocken Eingang befindet sich eine Wappenkartusche mit drei verschlungenen Fischen unter einer Fünfzackkrone. Das gleiche Wappen kehrt farblich gefaßt über dem Torbogen zum Hof wieder. Im straßenseitigen Giebel des anstoßenden Wirtschaftsgebäudes birgt ein Blendfenster eine Marienstatue.

Wenn auch das heutige „moderne" Erscheinungsbild der beiden Fliesteder Burgen wenig über ihre Geschichte zwischen den regionalen Machtblöcken des Mittelalters verrät, so zeugen sie doch von der Überlebenskraft der landwirtschaftlich genutzten Burganlagen des platten Landes bis in unsere Zeit hinein.

Asperschlag

Asperschlag,
Hofseite des Herrenhauses,
im Giebelfeld das Wappen derer von Cloet

Asperschlag, Zugang vom vorgelagerten Wirtschaftshof zur geschlossenen Hofanlage

Inmitten der offenen Feldflur zwischen Büsdorf und Oberaußem liegt, von Buschwerk und Baumkronen verdeckt, ein von der Straße aus auf den ersten Blick unbedeutend erscheinendes Gehöft.

Über einen Feldweg gelangt man zunächst zu niedrigen Fachwerkbauten. Diese beiderseits der Zufahrt gelegenen abgewinkelten Wirtschaftstrakte aus dem beginnenden 19. Jahrhundert bilden den Vorhof zu der älteren, im barocken Stil gehaltenen geschlossenen Viereckanlage. Dieser einteilige wasserumwehrte Komplex war möglicherweise einst eine zweiteilige Anlage für sich, die erst in der Folge ihren geschlossenen Charakter erhielt.

Eine steinerne Brücke leitet zu der übergiebelten und mit tiefen horizontalen Putzfugen gegliederten rundbogigen Tordurchfahrt, die in die eigentliche Hofanlage führt. Ein Allianzwappen mit der Jahreszahl 1750 gibt, wie auch das Familienwappen im Giebel des Wohnhauses, Auskunft über Bauzeit und Bauherren der heutigen Anlage.

Das eine Schmalseite des Hofes vom Tor aus gesehen linkerhand begrenzende Herrenhaus mit seinem an das Torgebäude angrenzenden seitlichen Anbau ist ein relativ großer, zweigeschossiger neunachsiger Backsteinbau mit Eckquaderung. Flache Dreiecksgiebel bekrönen die dreiachsigen Mittelrisalite auf Vorder- und Rückseite des Gebäudes.

Die so überraschend vorgefundene Wasserburg bietet auch in ihrem Innern unvorhergesehene Besonderheiten, wie eine reich verzierte Treppe zum Obergeschoß, holzvertäfelte Wände und den in einem barocken Eichenschrank untergebrachten Hausaltar mit Darstellungen des heiligen Mauritius im Tafelbild und als Holzfigur. Schließlich führt in die steingewölbten Kellerräume eine Treppe, an deren unterem Absatz sich ein wohl noch mittelalterlicher, in Stein gehauener und archaisch wirkender Kopf befindet. Möglicherweise sehen wir in diesem Keller die erhaltenen Reste des Vorgängerbaus. Eine Wasserburg entstand an diesem Standort wohl in der ersten Hälfte des 14. Jahrhunderts. Ihr Vorläufer wiederum war ein schlichter Rodehof, dessen Entstehungszeit gegen Ende des 12. Jahrhunderts anzusetzen ist. Damals wurden Rodungen im Wald Asp vorgenommen und die Dreihöfesiedlung Asperschlag gegründet. Diese Bezeichnung übernahmen dann die Herren von Asperschlag, und später erhielt der Rittersitz als einzig hier erhaltenes Anwesen den Namen, der heute nur wenigen Erftkreisbewohnern etwas sagt.

Geretzhoven

*Geretzhoven,
Nordseite des Herrenhauses
mit variierender Fensterverteilung
aufgrund verschiedener Bauperioden*

Geretzhoven, Tor der ehemaligen Vorburg

Südwestlich von Hüchelhoven liegt unweit der Ortschaft das Gut Geretzhoven, ein alter kurkölnischer Rittersitz. Die großzügige Hofanlage ist ganz von Wassergräben umzogen, die allerdings teilweise trockenliegen.

Schon 1328 wird ein Reinhard von Gerarzhoven urkundlich erwähnt. Grundherr in Geretzhoven war vom Mittelalter — nachweislich seit 1352 — bis zur Säkularisation das Kölner Stift St. Ursula. Ab 1402 wird als Lehensträger ein Geschlecht Ketzgin aufgeführt, das sich nach der Burg Ketzgin von Geretzhoven nannte und das Erbtürwächteramt im Erzstift Köln innehatte. Die letzte dieses Geschlechts, Almuth Louise von Ketzgin, heiratete 1688 den Freiherrn Wessel Wyrich von Bodelschwingh und deren Enkelin Amalie Wilhelmine den Freiherrn Ferdinand Christoph von Plettenberg zu Heeren. Ihre Nachkommen nahmen den Namen von Bodelschwingh-Plettenberg an und blieben bis 1867 im Besitz der Burg. Damals heiratete die einzige Tochter Wilhelmine den Reichsfreiherrn Dodo zu Innhausen und Knyphausen. Noch heute ist das Anwesen im Besitz dieser Familie.

Um 1920 wurde Geretzhoven umgebaut und gründlich restauriert. Noch in unserer Zeit vermittelt die Burg das recht anschauliche Bild einer großen, ehemals zweiteiligen Wasserburganlage des 17. Jahrhunderts. Sie verfügt heute über einen doppelten Wirtschaftshof. Der nördliche, vordere Hof besteht aus schlichten, teilweise weiß geschlämmten Backsteinbauten aus dem 18. und 19. Jahrhundert. Das zum zweiten, größeren Hof — der ehemaligen Vorburg — leitende Tor vom Ende des 17. Jahrhunderts trägt im barock geschwungenen Feld über dem Korbbogen Wappen der Familien Ketzgin und Bodelschwingh. Die Wirtschaftsgebäude des zweiten Hofs stammen in ihrer heutigen Form ebenfalls aus dem 18. und 19. Jahrhundert.

An der Nordostecke in diesen weiträumigen rechteckigen Hof eingefügt erhebt sich das Herrenhaus, ein malerischer Backsteinbau, der unregelmäßige Formen aufweist. Die dreistökkige Nordseite wird zum Graben hin von zwei Rundtürmen eingefaßt, von denen der östliche weitaus kräftiger und massiger ausgebildet ist. Die prächtige, mehrfach geschwungene Haube, die der Turm noch in den 60er Jahren unseres Jahrhunderts trug, mußte wegen Baufälligkeit abgerissen werden und fehlt heute. Erhalten blieb dagegen die weniger aufwendige Glockenhaube auf dem schlankeren westlichen Turm. Die unterschiedlich großen Fensteröffnungen und Geschoßhöhen der nördlichen Fassade zeigen, daß dieser Gebäudeteil aus verschiedenen Bauperioden stammt.

Von der Hofseite her bietet das Herrenhaus ein etwas uneinheitliches Bild. An der Südwestecke befinden sich ein turmartig überhöhter Vorbau und eine einladende Terrasse. Die Südostecke birgt im Kellergeschoß, dessen Gewölbe teilweise auf Pfeilern ruht, den ältesten, noch spätmittelalterlichen Teil von fast quadratischem Grundriß. Der Turm, den das massive Mauerwerk einst trug, ist heute abgetragen.

Im Innern des Hauses ist von der ursprünglichen Ausstattung kaum noch etwas erhalten. Einzig erwähnenswert ist außer dem kreuzgewölbten Keller aus dem 15. oder 16. Jahrhundert im ältesten Teil eine Tür mit profilierter Hausteinfassung aus dem 17. Jahrhundert im Erdgeschoß.

Bedburg

Schloß Bedburg von Westen gesehen,
über Jahrhunderte hinweg zur komplexen Schloßanlage
erweiterte ehemalige Wasserburg
während der Renovierung

Bedburg, Gouache von F. A. Reuter, um 1795, im Vordergrund Erftmühle

Im historischen Kern von Bedburg liegt, am Rande eines weitläufigen Landschaftsparks mit schönem altem Baumbestand, das gleichnamige repräsentative Schloß. Zwei Seiten der stattlichen Anlage werden noch von einem Graben umgeben, den die Erft speist. Das eigentliche Schloß ist eine Vierflügelanlage mit zwei runden Ecktürmen, die einzelnen Teile stammen aus verschiedenen Bauperioden.

Bedburg gehört zu den ältesten Adelssitzen der Erftniederung. Bereits im Jahre 893 wird „Bedbure" im Güterverzeichnis der Abtei Prüm genannt, 1140 wird ein Ludolphus de Bethbure urkundlich erwähnt. Wahrscheinlich entstand in jener Zeit die erste befestigte Anlage, um an dieser Stelle den Erftübergang zu sichern. Von ihr sind lediglich Fundamentreste im Keller des Südwesttrakts des heutigen Schlosses erhalten.

Im Jahre 1226 wird Friedrich von Reifferscheidt als „Herr zu Bedbur" genannt. Die Reifferscheider, deren Stammsitz in der Eifel liegt, standen in den territorialen Auseinandersetzungen mit den Erzbischöfen von Köln im 13. Jahrhundert auf Seiten der Grafen von Jülich. Der Erzbischof Konrad von Hochstaden besetzte deshalb 1240 die Burg. Im Jahre 1278 eroberte Erzbischof Siegfried von Westerburg die Wehranlage ein zweites Mal, wobei sie weitgehend zerstört wurde. Trotz der vorhergehenden Feindschaft belehnte der Erzbischof 1291 mit dem Besitz erneut einen Johann von Reifferscheid, der in der Folgezeit „Bedburg die Vestene", wie Lechenich eines der ersten Backsteinkastelle des Rheinlands, errichtete. Von dieser Burg stammt noch der Hauptbau des Schlosses mit beiden mächtigen Rundtürmen und den Umfassungswänden des nordöstlichen und südwestlichen Flügels.

Bis 1403 blieb die Herrschaft Bedburg in männlicher Erbfolge im Besitz der Familie Reifferscheid. Durch Heirat und Erbfolge gelangte das 1416 abermals teilweise zerstörte Anwesen an die Grafen von Neuenahr. Als Graf Hermann von Neuenahr 1578 ohne direkte Nachkommen starb, erhob sein Schwager und Vetter Adolph von Neuenahr Anspruch auf Bedburg. Graf Werner von Reifferscheid, der ihm das Erbe streitig machte, kam ihm mit der Besetzung von Bedburg zuvor. Graf Adolph eroberte Burg und Stadt zurück und lieferte den gefangengenommenen Reifferscheider dem Kölner Erzbischof aus. Er war ein engagierter Anhänger dieses Erzbischofs, Gebhard Truchsess von Waldburg, der den nach ihm benannten Truchsessischen Krieg auslöste, als er 1582 zum Protestantismus übertrat und wenig später heiratete. Die katholische Gegenpartei unter Herzog Ferdinand von Bayern, deren Gefolgsmann der Graf von Reifferscheid war, zog nach der Eroberung Bonns auch gegen Bedburg, das 1584 nach Belagerung und schwerer Beschießung kapitulieren mußte. Die Burg war ein weiteres Mal zu Teilen zerstört und beschädigt.

Im Jahre 1588 belehnte der neue Kurfürst Ernst von Bayern den Grafen Werner von Reifferscheid mit der Herrschaft Bedburg, zum einen seiner treuen Dienste in den vergangenen Auseinandersetzungen wegen, zum anderen mit der Begründung, daß seine Voreltern einmal Lehnsträger in Bedburg gewesen waren. Der neue Burgherr begann unverzüglich mit der Beseitigung der Zerstörungen. Die gotischen Vierecktürme wurden niedergelegt, der Südosttrakt mit den großen flankierenden

Bedburg,
Rückfront des Schlosses von Süden gesehen,
Eckanbau mit Schmuckgiebeln um 1590

Bedburg, Gouache von F. A. Reuter, um 1795, Innenhof mit offenen Renaissancearkaden

Bauten errichtet, und anstelle mittelalterlicher Holzgalerien entstand im Innenhof die italienischen Meistern zugeschriebene prächtige zweigeschossige Säulenarkade. Die Erbin aus dem Hause Neuenahr, die Gräfin Walburgis, protestierte indessen gegen die Belehnung und vermachte 1600 testamentarisch dem Grafen Adolf von Bentheim-Tecklenburg die Herrschaft Bedburgs. Dies war der Anlaß zu dem berühmten Prozeß Bentheim-Tecklenburg gegen Salm-Reifferscheid, der nahezu 200 Jahre dauern und nicht entschieden werden sollte, bis die französische Revolution ihm ein Ende machte. In dieser langen Zeit blieben aber die Grafen von Salm-Reifferscheid im tatsächlichen Besitz von Schloß Bedburg und bauten es weiter aus bzw. wieder auf, denn auch die kriegerischen Auseinandersetzungen der anbrechenden Neuzeit gingen an der Herrschaft Bedburg nicht vorüber, ohne ihren Tribut zu fordern.

Den Dreißigjährigen Krieg überstand das Schloß relativ unbeschadet, obwohl die Stadt Bedburg niedergebrannt wurde. Im Jahre 1673 wurde das Schloß jedoch von niederländischen und spanischen Truppen eingenommen und ging zusammen mit der Stadt in Flammen auf. Bei der darauffolgenden Wiederherstellung wurde die Südwestfront zur repräsentativen barocken Eingangsfassade ausgestattet.

Im Anschluß an den Frieden von Lunéville wurde Bedburg 1801 französische Domäne und diente zeitweise Veteranen der französischen Armee als Wohnung. Von 1814 bis 1820 stand der Gebäudekomplex leer und beherbergte nach dem Übergang an Preußen 1820—1822 vorübergehend ein Lazarett. Im Jahre 1839 ersteigerte die Gesellschaft der Rheinischen Ritter, eine Vereinigung des ritterbürtigen Adels im Rheinland, das Schloß. Die neuen Eigentümer ließen das Gebäude umbauen und erweitern. Der prächtige Arkadenhof aus dem 16. Jahrhundert wurde zugemauert und die Anlage durch den südwestlichen Schultrakt an der Seite der ehemaligen Schildmauer erweitert. Diesem von Vincenz Statz entworfenen Flügel fügte der bekannte Kölner Kirchenbaumeister nach 1853 die architektonisch reizvolle neugotische Kapelle mit ihrem schlanken Dachreiter an.

Nachdem 1922 die „Ritterakademie" ihre Pforten geschlossen hatte, ging Schloß Bedburg an die Gewerkschaft Neurath über. Eine gründliche Instandsetzung wurde vorgenommen. Die Arkaden des Innenhofs wurden wieder geöffnet und neu verglast. Die damalige Verkleidung einer tragenden Hilfskonstruktion aus glasierten Keramikplatten nach Tonmodellen von Franz Albermann ist noch erhalten, während die heutige Verglasung neueren Datums ist. Mit ihren toskanischen Säulen und Bogenarchivolten bieten die Arkaden trotz der späteren Veränderungen ein schönes Beispiel eines Renaissancehofs nach norditalienischen Vorbildern. Die Medaillons in den Bogenzwikkeln zeigen zum Teil noch die antikisierenden Brustbilder aus dem 16. Jahrhundert. Neben der Restaurierung der Räumlichkeiten und der Wiederherstellung des Innenhofs errichtete man 1925 auch das neobarocke Torhaus an der Graf-Salm-Straße.

Die große Schloßanlage, die als städtisches Eigentum in den letzten Jahren von Vereinen und Verbänden verschiedenster Art nur in Teilen genutzt werden konnte, war stark renovierungsbedürftig. Im Dezember 1982 erwarb Herbert Hillebrand das Schloß und ließ es in der „Rekordzeit" von 11 Monaten und 18 Tagen wiederherstellen und größtenteils in Mietwohnungen umbauen. Dabei konnte die Stadt Bedburg im Burginneren ein Kommunikationszentrum sowie einen Konzertsaal beibehalten. Die ebenfalls von Hillebrand renovierte Kapelle steht der katholischen Kirche zur Verfügung.

Ivenhof

Ivenhof, hofwärtige Eingangsfront des 1912 errichteten Herrenhauses

Ivenhof, Diele des neuen Wohnhauses

Im nordwestlichen Erftkreis liegt am südlichen Ortsrand von Millendorf der Ivenhof. Wenn der Hof auch heute lediglich als großer landwirtschaftlicher Betrieb mit repräsentativem Wohnbau erscheint, so geht er doch in seinem Ursprung auf eine ehemals befestigte Wasserburganlage mit Gräben und Zugbrücke zurück, worauf eine Nachricht aus dem Jahre 1640 schließen läßt. Die älteste erhaltene Urkunde stammt aus dem Jahre 1598 und nennt Pourdel van Arnheim und Henrica van Golstein als Lehensträger der jülichschen Besitzung. Bis zum Ende des 19. Jahrhunderts trug das Anwesen, das eine Reihe wechselnder Inhaber sah, die Bezeichnung Gut Millendorf. Seinen heutigen Namen erhielt der Hof erst, nachdem 1896 der Großvater des jetzigen Besitzers, Wilhelm Iven aus Grottenherten das Gut Millendorf gekauft hatte und dorthin gezogen war. Bis dahin hatte der vorherige Eigentümer von Ziethen-Kalinowsky das Gut an die Familie Manstetten verpachtet. Um die Jahrhundertwende diente es als Umspannstation für die Ochsenkarren der Bauern, die von der Gilbach her ihre Rüben zur Zuckerfabrik nach Elsdorf transportierten.

Der gegenwärtige Ivenhof ist eine Doppelhofanlage. Der ältere, hufeisenförmige Hof in der Senke unterhalb des heute noch bewirtschafteten Areals besteht aus zwei in Fachwerk gehaltenen Wirtschaftsflügeln und dem früheren Wohnhaus. Der zweistöckige verputzte Backsteinbau mit vier Fensterachsen zeigt in Mauerankern das Entstehungsjahr 1692. An den Giebelseiten hochgezogene Kamine akzentuieren das steile Dach des ansonsten schlichten Hauses. Im Innern des gegenwärtig dem Verfall preisgegebenen älteren Wohngebäudes ist noch der Deckenstuck aus dem 19. Jahrhundert erhalten.

Diesem Gebäude diagonal gegenüber liegt auf einer Anhöhe an der Hofeinfahrt das neuere Herrenhaus. Es wurde 1912 im „Alleingang“ von der damaligen Gutsherrin erbaut, nachdem ein Jahr zuvor die Scheune des überdies bei starken Regenfällen gelegentlich überschwemmten älteren Wirtschaftshofs abgebrannt war. Den Stil des in den vorderen Wirtschaftshof eingegliederten Herrenhauses könnte man als eine Mischung aus Klassizismus und vom Jugendstil beeinflußten Neubarock bezeichnen. Gleichwohl wirkt das von dem Kölner Architekten Herkenrath entworfene Gebäude nicht unharmonisch. Hervorzuheben ist sein übersichtlicher Grundriß mit geräumigen, wohlausgestatteten Zimmern. Eine großzügige Diele mit Treppenaufgang läßt die heimatstilorientierte Baurichtung jener Zeit anklingen. Aus dem alten Wohnhaus stammende Türen des 18. Jahrhunderts fanden im neuen Haupthaus eine zweckentsprechende Wiederverwendung. Unter einem später errichteten Anbau des Herrenhauses befindet sich noch ein alter, vom Hof her zugänglicher backsteingemauerter Gewölbekeller, der einst im Zusammenhang mit der älteren Hofanlage als Vorratskeller gedient hatte. Vor dem Neubau lag hier, an der Stelle des neueren Hofs, der Obstgarten des Ivenhofs.

Nach Auskunft der Besitzer ist geplant, die zur Zeit trockenen Gräben wieder mit Wasser zu füllen, um etwas vom ursprünglichen Charakter der Anlage zurückzugewinnen. Nachdem allerdings vier mächtige Ulmen links vor dem Herrenhaus gefällt werden mußten und die Tage der übrigen zur rechten wegen der Ulmenkrankheit leider ebenfalls gezählt sind, wird die im Bau befindliche Autobahn, deren Trasse unweit des Hausgartens den Gesichtskreis bereits stark beengt, den Charakter dieses gediegenen Landsitzes weiter empfindlich beeinträchtigen.

Etgendorf

Etgendorf,
Südfront des Herrenhauses,
Turm mit mehrfach geschweifter hoher Haube

Gut Etgendorf, von Südwesten gesehen, Hofesfeste mit erhaltenem Grabenbering

Auf halbem Wege zwischen Bedburg und Kirchtroisdorf zweigt an einem stattlichen Wegekreuz eine Allee nach Haus Etgendorf ab. Das etwa vier Meter hohe Kreuz ließ im Jahre 1789 Carl Friedrich von Ritz an dieser Stelle errichten, dessen 1604 in den Freiherrenstand erhobene Familie das Gut vom Ende des 15. Jahrhunderts bis zum Jahre 1862 bewirtschaftete. Die Freiherren von Ritz waren zunächst Pächter, ab 1673 Eigentümer des Anwesens.

Damals erwarben sie Haus Etgendorf von dem Prämonstratenserkloster Reichenstein bei Monschau, das schon im Jahre 1216 in der Nachfolge des Kölner St. Gereonsstiftes Lehensherr geworden war. Bereits ein Jahr nach der Standeserhebung seines Geschlechtes ließ der jülichsche Rat Peter Simonius, genannt von Ritz, das heutige Herrenhaus in der Südostecke des großen von Wassergräben umgebenen Gevierts errichten, dessen Wirtschaftsgebäude allerdings aus jüngerer Zeit stammen.

Von der Entstehung des Herrenhauses im Jahre 1605 künden Maueranker an dessen Südseite. Das zweigeschossige Backsteinwohnhaus mit großen vierteiligen Fenstern in Trachytfassung trägt ein steiles Walmdach mit malerischen kleinen Dachhäuschen. An der Westseite ist ihm ein ebenfalls zweigeschossiger Torbau mit niedrigerer Bedachung angegliedert, dessen Anschlagblende für die einstige Zugbrücke von Rustikaquadern aus Trachyt gerahmt ist. Über dem Scheitel der Bogenquaderung befindet sich ein Allianzwappen von Ritz-Dürfenthal, eingefaßt von zwei Pilastern, die einen Dreiecksgiebel tragen. An der Südostecke des Herrenhauses tritt ein dreigeschossiger Vierkantturm mit ungewöhnlich hoher Haube hervor. Der mehrfach geschweifte Helm endet in einer achtseitig geschlossenen Laterne, die eine Wetterfahne mit dem Wappen derer von Ritz schmückt. Im Innern wurde das Haus um 1880 umgestaltet und hat nur noch spärliche Reste der ursprünglichen Ausstattung bewahrt.

Richardshoven

Richardshoven,
östliche Hofansicht des Herrenhauses
mit angegliedertem Wohnturm

Westlich von Niederembt zweigt von der Landstraße nach Frankeshoven gegenüber einem neugotischen, kapellenartigen Bildstock aus verschiedenfarbigen Ziegelsteinen eine kleine Allee nach Haus Richardshoven ab.

Der Name der ehemaligen Wasserburg soll sich von einem 1099 urkundlich erwähnten Richardus von Embe herleiten, dessen Witwe damals die von ihrem Mann als Gegenmitgift erhaltenen Ländereien zu Embe dem Kloster Deutz vermachte. Der Ortsname Embe bezeichnete seinerzeit als Sammelbegriff die Siedlungen in der Niederung zwischen Ober- und Unterembt, die erst später durch Zusätze unterschieden wurden. Der Hof des Richardus ist somit zu den sehr früh belegten Anwesen der Erftregion zu zählen.

Zu Beginn des 13. Jahrhunderts gelangte Richardshoven an die ihren Machtbereich erweiternde Grafschaft Jülich. Der Hof selbst war über die folgenden sechs Jahrhunderte jülichscher Herrschaft hinweg im Besitz verschiedener Adelsgeschlechter. Im Jahre 1364 ist ein Godart von Richardshoven bezeugt, im späten 14. Jahrhundert saßen die Voss (Fuchs) von Embt auf der Burg, die als Raubritter die Gegend unsicher gemacht haben sollen, 1542 kam das Gut durch Heirat der Elisabeth von Luysch an die Familie Iven von Esch, die mehrere jülichsche Amtmänner in Bergheim stellte. Nachdem Richardshoven gegen Ende des 17. Jahrhunderts im Besitz der von Wrede war, erwarb es im Jahre 1756 die Abtei Kornelimünster, woran das Wappen des Abtes Carl Ludwig von Sickingen-Ebernburg über der Eingangstür des Haupthauses erinnert. Unter dem Wappen mit Krummstab, Mitra und Schwert befindet sich das Chronogramm CanDore aC aMore blonqVe nItens oLore, die in römischen Ziffern verschlüsselte Jahreszahl 1757 also. Die in der Inschrift „leuchtend von Glanz und Liebe und doppelten Schwänen" erwähnten Wappentiere tragen den Schild.

Als geistlicher Besitz wurde der Hof 1802 von der französischen Besatzung säkularisiert. Nach der Einverleibung der Rheinlande durch

Richardshoven, Wetterfahne mit der Darstellung der ersten Besitzer aus der Familie Bayer

Preußen verkaufte die Domänenkammer die ehemalige französische Staatsdomäne an die noch heute auf Richardshoven wohnende Familie Bayer, die allerdings erst vier Jahre später dort einziehen konnte, weil das Anwesen bis 1824 verpachtet war. Einer Familienüberlieferung zufolge zogen Johann Bayer und seine Frau Adelheid, geb. Sinsteden, damals mit vier prächtigen Söhnen und sechs weißen Hengsten auf den Hof.

Die noch bis 1902 bzw. an der Nordflanke bis 1909 von Wassergräben umgebene Burg ist eine unregelmäßige Viereckanlage, in deren Nordwestecke gegenüber der Toreinfahrt das Wohnhaus liegt. Der daran anschließende Nordflügel stammt in seinem Kern aus dem 17. und 18. Jahrhundert, während die übrigen Wirtschaftsgebäude und Stallungen nach dem letzten Besitzerwechsel, also nach 1820, weitgehend neu aufgeführt wurden. Der wohl älteste Teil der Gesamtanlage ist das Wohnhaus aus der ersten Hälfte des 17. Jahrhunderts. Es besteht aus zwei parallel verlaufenden Trakten mit geschweiften Scheingiebeln zum ehemaligen Graben hin und ist vermutlich in mehreren Bauabschnitten entstanden. Sein ältester noch erhaltener Gebäudeteil ist im hofwärtigen östlichen Trakt zu suchen, denn die westliche Rückfront des Gebäudes wurde bei einem Erdbeben im Jahre 1870 stark beschädigt und erst 1933 von Grund auf erneuert.

Dem Haupthaus ist an der Hofseite ein breiter Vierkantturm vorgesetzt, in dem sich der Haupteingang befindet. Die dort angebrachten Maueranker erinnern mit der Jahreszahl 1664 an die damalige Wiedererrichtung des zuvor durch einen Brand zerstörten Turms. Er wird bekrönt von einer geschweiften, nach den Zerstörungen des letzten Krieges in den 50er Jahren wiederhergestellten achtseitigen Schieferhaube. Sie trägt eine dekorative Wetterfahne mit der Jahreszahl 1824 und einer Darstellung der ersten Familie Bayer, die damals auf den Hof zog.

Heute „schaltet und waltet'' Elisabeth Bayer auf dem alten Rittergut und betreibt den Saatgutvermehrungsbetrieb, den 1930 ihr inzwischen verstorbener Mann auf dem Hof eingerichtet hatte.

Reuschenberg

Reuschenberg,
südöstliche Hofansicht auf Burgturm mit Eckwarten und anstoßendes Herrenhaus

Reuschenberg,
Burganlage vor der Renovierung,
Zeichnung von L. Arntz, 1893

Südwestlich von Elsdorf liegt, abseits der historischen Römerstraße Köln-Bergheim-Jülich, am Rande des Bürgewaldes die Burg Reuschenberg. Diesen Herrensitz bewohnten über Jahrhunderte die Ritter von und zu Reuschenberg, die vielfach Verwaltungsämter im Herzogtum Jülich innehatten.

Die Stammreihe dieses Geschlechts beginnt mit Wilem Ruscberch, der im Jahr 1164 im Bergischen Land geboren wurde. Sein Sohn Jacob von Ruyscberch gilt als Stifter des Familienwappens (drei Raben auf schwarzem Querbalken in silbernem Feld). Harprecht van Ruischenberg (geb. 1283) baute die Befestigungsanlage bei Elsdorf und gab ihr den Namen Reuschenberg. Die Gründe für den Ortswechsel von der Wupper in das Erftland sind nicht bekannt. Auf Harprecht folgte Johann I. von und zu Reuschenberg (1311–1382). Er hinterließ zwei Söhne, den Begründer der älteren Linie, Johann II. (geb. 1340), und Cuno, den Stammvater der jüngeren Linie (1335–1401), verheiratet mit Agnes von (Jülich-)Setterich.

Der Zweig der älteren Linie erlosch im Jahr 1622 mit dem Tod von Johann, Hofmeister des Herzogs von Jülich. Durch Heirat seiner Schwester Margaretha fiel Reuschenberg an die jüngere Linie und verblieb dort bis 1745. Damit endete auch dieser Familienzweig. Burg und Grundbesitz gingen 1813 in bürgerliche Hand über. Anfang 1890 kaufte Johann Froitzheim aus Esch das Gut auf. Seine Tochter Maria war mit Wilhelm Thurn aus Köln verheiratet. Aus dieser Ehe gingen zwei Söhne hervor. Der Elsdorfer Maler Hans Carl Alfred Thurn starb 1963, sein Bruder Erich im Jahr 1977. Eigentümer der Burg Reuschenberg ist jetzt Ernst-Adolf Bachmann-Thurn.

Möglicherweise war es Johann II., der im 14. Jahrhundert den noch heute das Anwesen beherrschenden Rechteckturm errichten ließ. Von seinen drei unteren Geschossen birgt das oberste eine kleine Kapelle, deren Dienst im 17. und 18. Jahrhundert zeitweise Haus-Vikare versahen. In der nördlichen Fensternische befindet sich der Altartisch, daneben ein Lavabobecken. Das vierte Geschoß mit seinen Ecktürmchen, dem Bogenfries und dem walmdachförmigen Turmhelm entstand 1896/97 bei Renovierungsarbeiten. Auf Weisung des Denkmalpflegers Paul Clemen wurde das ehemals geknickte Zeltdach ersetzt.

Das in Backstein ausgeführte Haupthaus mit anschließendem Rundturm sowie Teile der Wirtschaftsgebäude sind auf alten Fundamenten erneuert worden. Dem Stilverständnis der Jahrhundertwende entspricht auch der damals errichtete Verbindungsgang zwischen Turm und Haupthaus in Form eines Fachwerks-Erkers. An die frühere Burganlage erinnern zwei Konsolsteine mit griechischem Blätterkelch-Motiv aus dem Ende des 17. Jahrhunderts, die in eine Zaunanlage gegenüber der Haupteinfahrt eingelassen sind. Von dem Komplex der ehemals zweiteiligen Wasserburg zeugt ferner das noch sichtbare doppelte Grabensystem. Die inzwischen wasserlosen Gräben umgeben das noch vorhandene geschlossene Gehöft der Hauptburg und das nordwestlich gelegene offengelassene Gebäude der früheren Vorburg.

Obwohl Reuschenberg bis auf den Belfried nur noch wenige mittelalterliche Reste aufweist, wirkt es noch heute als eine der romantischen Reminiszenzen an jene streitbare Zeit. Noch läßt das in der Nähe des Hambacher Forstes gelegene Gut in seinem ländlichen Erscheinungsbild den unbefangenen Besucher nicht das bevorstehende Ende des Anwesens erahnen. Die Burg Reuschenberg wird um die Jahrtausendwende dem Braunkohlentagebau zwischen Erft und Rur weichen.

Sittarderhof

Sittarderhof,
hofseitige Jugendstilfassade des 1910
errichteten Herrenhauses

Sittarderhof, parkwärtige Nordfront des Herrenhauses

Im „Dörferdreieck“ Etzweiler-Berrendorf-Heppendorf liegt der Sittarderhof inmitten weiter Felder, auf denen in ertragreicher Fruchtfolge Zuckerrüben und Weizen, Roggen oder Gerste angebaut werden. Nicht nur mit dem Anbau, auch mit der Verarbeitung der Zuckerrüben ist die großzügige Hofanlage in vielerlei Hinsicht verbunden.

Ursprünglich war das Gut im Besitz des Aachener Textilkaufmanns Matzerath, dessen Tochter Hedwig Amalie Adelheid 1866 den gelernten Landwirt Valentin Pfeifer heiratete, den jüngeren Partner des Erfinders und Unternehmers Eugen Langen. Als im Kriege 1870/71 in Elsdorf die Zuckerfabrik gegründet wurde, pachtete die junge Firma Pfeifer & Langen einige Güter mittlerer Größe, zu denen auch der Sittarderhof gehörte — das „Höfchen“ wie es in der Familie Pfeifer genannt wurde. Zum einen wollte man so der Fabrik eine Mindestmenge von Rüben sichern, gleichzeitig aber auch die Bauern der Umgebung für den Zuckerrübenanbau gewinnen.

Das Anwesen war damals alles andere als herrschaftlich. Schon zuvor hatte man, um überhaupt Ackerwirtschaft zu ermöglichen, das sumpfige Land trockenlegen müssen, wovon noch heute die Wassergräben im Umkreis des Hofs zeugen. Seit 1880 diente das „Höfchen“, d. h. Wohnhaus und Garten, der Familie Langen mietweise als ländliche Erholungsstätte. Die Gebäude waren recht bescheiden, aber nach und nach wurde, wie es in Lebenserinnerungen von Arnold Langen heißt, „Bauliches angestückelt“, und auch das Bedürfnishäuschen auf dem Dunghaufen verschwand. Erst 1899 zog Max Pfeifer mit seiner Frau Else, einer geborenen Andreae aus der vermögenden Familie des Mülheimer Textilfabrikanten, auf den Sittarderhof. Im Jahre 1910 entstand nach dem Entwurf des Berliner Architekten Baumgarten das Herrenhaus, so wie es sich heute präsentiert. Von der Landstraße aus gelangt der Besucher durch den Bogen eines seitlichen Torhauses auf den Hof. Üppiger Rankenwuchs betont die jugendstilhaften Aspekte der langgestreckten Fassade, die durch zwei halbrunde risalitartige Vorbauten gegliedert wird, eine Reminiszenz der Jahrhundertwende an den einstigen Burgencharakter der Herrensitze dieser Region. In reizvollem Kontrast dazu steht der durch einige klassizistische Elemente betonte, wohnliche Charakter des Hauses. Das Mansardwalmdach trägt flachgeneigte Dachgauben und über dem Haupteingang im Dachgeschoß ein Palladiofenster.

Hinter dem Herrenhaus entstand nach dem Einzug Max Pfeifers aus dem noch vorhandenen Rest des ursprünglichen Waldbesitzes ein Park im englischen Landschaftsstil. Dieser Gartenkonzeption entsprechend bietet sich von der Terrasse aus ein weiter Blick über ein großes rundes Wasserbecken hinweg auf eine als Pferdekoppel genutzte Freifläche.

Der Wirtschaftsteil des Sittarderhofs erfuhr etwa um die gleiche Zeit wie das Herrenhaus eine völlige Neugestaltung. Die großzügigen, im Obergeschoß in Fachwerk errichteten Wirtschaftstrakte werden von der Hoftorseite her von zwei massiv wirkenden Ecktürmen flankiert, deren mehrfach geschwungene Glockendächer ähnliche Flachbogengauben wie das Herrenhaus tragen.

So sehr die Vergangenheit des Sittarderhofs durch den Anbau von Zuckerrüben geprägt ist, wird seine Zukunft vom Abbau der Braunkohle bestimmt. In spätestens 25 Jahren wird das gesamte Gut der Tagebaugrube von Hambach II weichen müssen. Der Wirtschaftsteil, der eigentliche Hof also, wurde bereits vor zwei Jahren von der Firma Rheinbraun gekauft, und der landwirtschaftliche Betrieb nähert sich seinem vorläufigen Ende.

Etzweiler

*Etzweiler,
gründerzeitlicher Landsitz,
östliche Hoffront*

Eine Viertelstunde entfernt vom Sittarderhof liegt abseits der Straße in einem Park Haus Etzweiler, dessen Geschichte mit der des Sittarderhofs durch mancherlei geschäftliche und familiäre Beziehungen ihrer Besitzer verbunden ist.

Der Aachener Textilkaufmann Matzerath, dem auch der Sittarderhof gehörte, ließ 1872 das Herrenhaus des Etzweiler Hofs so errichten, wie es im wesentlichen heute noch erhalten ist. Der Stil des Hauses erinnert — sicher dem Wunsch des Bauherrn entsprechend — an die Stolberger Kupferhöfe oder auch an belgische Herrenhäuser des 18. Jahrhunderts. Der Backsteinbau mit seinen vier Ecktürmchen und den etwa gleichhohen, gestuften bzw. an der Parkseite volutengeschmückten Ziergiebeln über den Fassadenmitten wirkt recht gedrungen. Dieser Eindruck wird durch das Hochparterre und das Strebemauerwerk an den Gebäudeecken noch verstärkt.

Schon 1876 sah sich Matzerath wegen wirtschaftlicher Schwierigkeiten infolge der Gründerzeitkrise gezwungen, das Anwesen wieder zu verkaufen. Käufer war Baron Trott zu Solz, der Haus Etzweiler zu seinem Hauptwohnsitz machte. Nachdem Trott, der ein rechter Hagestolz gewesen sein soll, während einer Jagd tödlich verunglückt war, kaufte 1892 Eugen Langen, der vielseitige Unternehmer, Erfinder (u. a. auch der Wuppertaler Schwebebahn) und Pionier der rheinischen Zuckerindustrie, das Gut von den Erben des unglücklichen Junggesellen.

Die von Matzerath an der Parkseite nach Osten hin angebaute Kapelle wurde zugunsten eines Speisesaalanbaues mit umlaufender Terrasse aufgegeben, während der Park von dem Gartenarchitekten Brodersen aus Hamburg in Anlehnung an englische Parkanlagen umgestaltet wurde. Noch heute zeugt der auffallend schlanke Wuchs der alten Eichen davon, daß sie einst inmitten eines dichten Waldes standen, der vormals als Teil der Elsdorfer Bürge auch das nahegelegene Dörfchen Etzweiler fast ganz umschloß. Inzwischen wurden die früher von zwei Gärtnern gepflegten Rosenrabatten durch „pflegeleichtere" Anlagen ersetzt, ohne daß jedoch die Grundkonzeption des Parkes gestört wurde. Der Ausblick von der Terrasse auf die Pferdekoppel, den Teich und die optisch verengte Schneise in das parkartige Waldgelände erweckt noch heute den Eindruck von Vielfalt und Weite.

Für die Unterkunft der Gärtner sorgte der neue Besitzer durch die Errichtung eines Gärtnerhäuschens, das der bekannte Berliner Architekt Schultze-Naumburg kurz vor dem Ersten Weltkrieg entwarf. Heute sind dort, dem sozialen Anliegen des derzeitigen Besitzers entsprechend, als Außenstelle der „Kinderheimat Michaelshoven" milieugeschädigte Kinder untergebracht, die nach den Grundsätzen der Waldorfpädagogik betreut werden.

Vor dem Gärtnerhaus befindet sich ein Tor, das die Brüder Mannesmann, die Erfinder nahtlos gezogener Rohre, Eugen Langen zum Einzug in Etzweiler schenkten. Das unmittelbar nach der Erfindung aus solchen Rohren kunstvoll geschmiedete Torgitter, gezeichnet mit der Jahreszahl 1891 und dem Namen A. Eisert, war ein Dankesgeschenk an Eugen Langen, dessen Name mit dem Aufstieg der Firma Mannesmann eng verbunden ist.

Etzweiler behielt für die Familie Langen bis in die 30er Jahre die Funktion eines Sommersitzes. Nachdem das Haus im Krieg von Militär besetzt und durch Bomben und Panzerbeschuß arg zugerichtet war, wurde es schließlich im Inneren nach einer einheitlichen Konzeption zu einem Mehrparteienhaus umgebaut, in dem auch der heutige Besitzer, Arnold Langen, wohnt.

Dem Herrenhaus von Etzweiler ist ein großzügiger Hofkomplex mit eigenem Wohnhaus vorgelagert, dessen verschiedene Gebäude neben herkömmlichen Architekturmerkmalen auch Jugendstilelemente aufweisen.

Auf den zu Haus Etzweiler gehörenden Ländereien wurden wie auf dem Sittarderhof Zuckerrüben und Getreide angebaut. Die Feldbahn, die noch 1890 die Rüben von Haus Etzweiler nach Elsdorf transportierte, hat allerdings ihren Dienst längst eingestellt. Heute wird der Betrieb einschließlich einer Erwerbsgärtnerei biologisch-dynamisch bewirtschaftet, die Flächen gehen allmählich als Schenkung in das Eigentum der gemeinnützigen Gesellschaft für angewandte wissenschaftliche Forschungen über.

Seit der Erbauung von Haus Etzweiler hat sich der Grundwasserspiegel ständig gesenkt, zunächst durch die Umstellung von Weide- auf Ackerwirtschaft, dann durch die umfangreichen Rodungen in der Nachbarschaft und in jüngster Zeit durch den Braunkohlentagebau. In etwa 25 Jahren wird dieses Dokument gründerzeitlicher Lebensweise nicht mehr vorhanden sein, denn dann wird Haus Etzweiler wie auch der Sittarderhof den Braunkohlenbaggern zum Opfer fallen.

Seite 66:
*Etzweiler,
Herrenhaus vom Park aus gesehen,
Photographie um 1900*

Seite 67:
*Etzweiler,
aus gezogenen Röhren geschmiedetes Gartentor
von 1891 vor dem ehemaligen Gärtnerhaus*

Stammeln

Stammeln,
Rückseite des Hofs von Westen gesehen,
über dem Würfelfries der ehemalige Wehrgang

Stammeln, Tor von 1666

Nordwestlich von Heppendorf liegt zwischen Wiesen und Feldern Burg Stammeln. Über ihre mittelalterliche Geschichte ist wenig bekannt.

Ein Wilhelm Schilling von Gustorf steht als Besitzer eines Guts zu Stammeln auf dem jülichschen Ritterzettel von 1460. Ein Jahrhundert später brachte Katharina von Schilling das Anwesen dem Andreas von Randerath in die Ehe, der es 1583 ausbaute. Die Besitzverhältnisse in der Folgezeit sind sehr unübersichtlich. Bei mehrfachem Besitzerwechsel teilten überdies noch mehrere Familien den Besitz. Eine Ansicht von 1723 zeigt eine stattliche, unregelmäßig viereckige Burganlage.

Die heutige Burg Stammeln verfügt nur noch über Reste der damaligen Anlage, die am besten zu sehen sind, wenn man den der eigentlichen Burg südlich angegliederten modernen Wirtschaftshof umschreitet und sich ihr von der der Straße abgewandten rückwärtigen Seite nähert.

Die alte Burg ist eine ganz in Backstein ausgeführte Viereckanlage, deren vier Flügel sich um einen kleinen Innenhof gruppieren. Der älteste Teil aus dem 16. Jahrhundert umfaßt den nordwestlichen und den südwestlichen Flügel, der einst im Obergeschoß den Rittersaal beherbergte, sowie die beiden starken Ecktürme. Ein runder Turm ist dem westlichen Winkel an der Ecke vorgesetzt. Ein quadratischer, der im Obergeschoß noch ein Kreuzgewölbe aufweist, liegt an der Südecke zwischen Burg und Hofanlage. Auf den Außenmauern dieses älteren Teils war im Mittelalter ein Wehrgang mit Schießscharten angelegt, der von außen noch an dem leicht vorgekragten oberen Teil der Fassade erkennbar und dessen von vorgeblendeten Spitzbögen getragene Fachwerkkonstruktion im Innern teilweise sichtbar ist.

Der östliche Winkel der Burganlage wurde in der heutigen Form um 1900 errichtet, dabei wurden zwei Rundbogenportale in Hausteinrahmung wiederverwendet; eines trägt die Jahreszahl 1666 und ein Steinmetzzeichen. Zur Straßenseite hin ist der östliche Flügel an der Giebelfront mit einer interessanten, an norddeutsche Backsteingotik erinnernden reich gegliederten stufengiebelähnlichen Fassade ausgestattet.

Stammeln, Südgiebel des Herrenhauses

Das Gelände um die Burg läßt heute nur noch teilweise den früheren Verlauf der Wassergräben vermuten, und aufgrund der vielen baulichen Veränderungen bedarf es etwas Phantasie, in Burg Stammeln einen der wehrhaften Rittersitze des Mittelalters zu erkennen.

Thorr

Thorr, nördliche Hauptfront von der Straße gesehen

Thorr, Portal des Herrenhauses

An der Kreuzung der Römerstraße von Köln nach Tongern mit der in Nordsüdrichtung verlaufenden alten Straße von Zülpich nach Neuß, auf die an dieser Stelle zudem die Landstraße von Lechenich stößt, entstand das Dorf Thorr, das den Namen der hier gelegenen Wasserburg übernommen hat. Die Bezeichnung Thorr läßt sich aus dem lateinischen „turris" ableiten, der gleichbedeutenden sprachlichen Wurzel unseres Wortes Turm. Möglicherweise ging die erste Burganlage aus einem römischen Wachtturm hervor, zumindest bewahrte sie in ihrem Namen die Erinnerung an eine solche Einrichtung zum Schutz der vorbeiführenden Straßen.

Die Ortsbezeichnung Ture wird bereits 997, eine Brücke Thurre über den Fluß Arnefe (Erft) 1051 urkundlich erwähnt. Die Burg zählte im Mittelalter zu den insgesamt 283 jülichschen Rittersitzen und war mehrere Jahrhunderte im Besitz einer Familie, die sich nach ihr benannte. Ein Ritter Rudolf von Turre ist erstmals 1140 bezeugt, 1335 war Gisilbrecht von Thurre Vogt in Bergheim, 1412 wird ein Gyse von Thoirre genannt. Im Jahre 1506 wechselte der Namen des Besitzergeschlechts, als Bernhard von Weworden, genannt Bulver, durch Heirat mit Fritza von Thorre das Anwesen an seine auf Burg Drove ansässige Familie brachte. Von der späteren Einheirat der Familie Merode nach Thorr kündet ein Allianzwappen des Bernhard Kox, Drossard der Freybaner Herrschaft Merode und der Sybilla Catharina von Wevorden, genannt Droff, über dem Eingangsportal des Herrenhauses. Dieses Ehepaar ließ, wie die Inschrift über dem Portal besagt, 1680 das zweigeschossige schlichte Backsteinhaus erbauen. Im Jahre 1764 kam der Herrensitz an Johann Caspar von Oberkamp und 1796 an Johann Anton Türk. Einer seiner Nachfahren nahm eine gründliche Renovierung und einen teilweisen Umbau des Herrenhauses vor. Das Datum ist mit der Jahreszahl 1860 im Eisengitter der damals errichteten festen Brücke festgehalten. Sie ersetzt eine frühere Zugbrücke, wie noch die Löcher der Zugvorrichtung in den oberen Ecken des Portalrahmens erkennen lassen. Die nachfolgenden Besitzer erneuerten 1884 den langgestreckten östlichen Flügel der Vorburg, der parallel zur Straße nach Zülpich liegt. Eine Beschreibung der Grafschaft Jülich von 1723, „welcher gestalt dieselbe zum Fürstenthumb ist erhoben worden", zeigt den Hof noch als regelmäßige, von drei Vierecktürmen geschützte Anlage.

Besonderes Interesse verdient heute lediglich das rechtwinklig zur Straße gelegene Herrenhaus. Das von einem inzwischen trockenen Graben umgebene Haus ist ein schlichter zweigeschossiger Backsteinbau, über dessen zweimal sechs Achsen sich ein Walmdach mit Dachhäuschen erhebt. Als Zierde des Gebäudes dienen die den Firstenden aufgesetzten

Thorr, Wetterfahne mit Jagddarstellung

schmiedeeisernen Wetterfahnen, die als Motive außer dem Allianzwappen der Erbauer eine Jägerfigur zeigen. Zwei bis zur Firsthöhe gezogene Kamine akzentuieren die Schmalseiten des Hauses im Dachbereich.

Das bedeutendste Schmuckstück der Hauptburg ist die Eingangszone mit pilasterartig angeordneten Hausteineinfassungen des Portals und einem aufgesetzten Dreiecksgiebel. Die zum Eingang führende verzierte Eisengitterbrücke betont den dekorativen Charakter des Zugangs.

Wegen der insgesamt relativ schlichten Anlage bleibt heute vielen eiligen Autofahrern der Burgencharakter von Haus Thorr verborgen, insbesondere, da die Verkehrswege unserer Zeit abseits dieser einst die wichtigen Straßen überwachenden Wasserburg verlaufen.

Paffendorf

Paffendorf, Ostseite der Hauptburg, vom Park aus gesehen

Das heute als Informationszentrum und Zentralarchiv des Rheinischen Braunkohlenbergbaus genutzte romantische Schloß Paffendorf an der Erft liegt unweit der riesigen Braunkohlengrube des Tagebaus Fortuna/Bergheim zwischen Bedburg und Bergheim. Das Schloß blickt auf eine etwa 750jährige Geschichte zurück.

Im Jahre 1230 wird die Vogtei Paffendorf erstmals urkundlich erwähnt. Nachdem das Anwesen nacheinander im Besitz der Herren von Gymnich, der Herzöge von Brabant und der Grafen von Neuenahr war, kam es nach 1512 an die auf Bergerhausen wohnende Familie der Herren — seit 1629 Freiherren — von dem Bongart. Zum Hauptsitz wurde ihre 1577 so benannte „Burg an der Erft" aber erst 1800. Im Jahre 1958 verkauften sie die Burg an die Rheinischen Braunkohlenwerke, wohl in der damals nicht unberechtigten Annahme, daß sie dem Braunkohlentagebau weichen müßte. Seit vierhundert Jahren war dies der erste Besitzerwechsel auf der weitläufigen zweiteiligen Wasserburg.

Die ganz in Backstein ausgeführte und noch heute rings mit Wasser umgebene Anlage geht im wesentlichen auf die Bauperiode zwischen 1531 und 1546 unter Wilhelm von dem Bongart und die Zeit der Umgestaltung zwischen 1861 und 1865 unter Ludwig von dem Bongart zurück.

Der 1531 begonnene Neubau wurde — obschon die Notwendigkeit hierzu durch die neuen Techniken der Kriegsführung bereits überholt war — als turm- und mauerumwehrte Wasserburg errichtet. Sie besteht auf der „Herreninsel" aus zweigeschossigen Wohnbauten mit einem schlanken achteckigen Treppenturm und je einem Rundturm an den beiden Enden des Ostflügels, die insgesamt um einen unregelmäßigen dreiseitigen Innenhof gruppiert sind. Nach Nordwesten öffnet die Hauptburg sich zu der hufeisenförmig angeordneten großen Vorburganlage. Maueranker in Form der Jahreszahlen 1745 und 1753 weisen auf die Neuerrichtung der Bauten um diese Zeit hin.

Bis auf die Torbauten haben sich die drei Flügel mit ihren an den beiden Außenecken zum Graben hin vortretenden Vierkanttürmen in ihrer einfachen Bauweise in Backstein erhalten. 1933 wurden diese Wirtschaftsbauten durch Brand beschädigt und ihre Dachstühle mußten erneuert werden.

Die beiden der Hauptburg zugekehrten Torbauten des Wirtschaftsteils sind im romantischen Sinne und in Anpassung an die Hauptburg zu trutzigen Wehrbauten umgestaltet. Der Kölner Architekt August Lange verlieh ihnen 1861–1865 durch Zinnen, Treppengiebel, Maßwerkornamente, Eckwarten und Bogenfriese ein neugotisches Stilgepräge. In der gleichen Zeit erfuhr das Herrenhaus eine ähnliche Umgestaltung. Der einst schlichte, schmucklose Backsteinbau aus dem 16. Jahrhundert wurde durch August Lange mit einer Vielzahl von neugotischen Bauelementen überzogen. Die Zinnen, Gauben, Erker, Maßwerkgliederungen und scharfkantigen Profile an Fenstern und Türen sowie Skulpturen und Inschriften steigern den Gesamteindruck der Burganlage ins Malerische. Vor den etwa 42 Meter langen Hauptflügel des Herrenhauses wurde an der parkwärts gerichteten Nord- und Ostseite eine Terrasse mit Maßwerkbrüstungen gesetzt, die auf einer unmittelbar aus dem Wasser des Burggrabens aufragenen Spitzbogenreihe ruht. Der Innenhof der Hauptburg erhielt vor dem mittleren, zurückliegenden Flügel einen im Grundriß fast abgerundeten Altan mit sechs Bogenstützen und einer Maßwerkbrüstung vor dem ersten Obergeschoß. Lange rekonstruierte ferner drei Zwerchhäuser mit Staffelgiebeln an der Parkseite des Daches, die zwar auf einem Gemälde aus dem 18. Jahrhundert überliefert sind, vor dem historisierenden Umbau jedoch nicht mehr vorhanden waren. Das Wappenrelief der Familie von dem Bongart im Giebelfeld des mittleren Zwerchhauses dokumentiert mit der Inschrift „Ludovicus liber baro de Bongart renovavit Anno 1861-65" den Bauherrn und die Bauzeit. Neben Inschriften und Wappen ist seit der Restaurierung im 19. Jahrhundert insbesondere figürlicher Schmuck über die Hauptburg und die Torbauten der Vorburg verteilt. So finden sich an der parkwärtigen Schauseite des Schlosses zwischen den Fenstern des Obergeschosses in der Symmetrieachse eine Sandsteinstatue der Muttergottes und zu ihren Seiten Standbilder der aus altadligem römischen Geschlecht stammenden Heiligen Melania und des heiligen Königs Ludwig von Frankreich. Es ist dies ein ausgesprochen ritterlich-aristokratisches Bildprogramm, zu dem auch die Statue des Ritterheiligen Georg im Kampf mit dem Drachen an der nördlichen Schmalseite des Hauses paßt.

Im Innern des Herrenhauses sind aus der Zeit vor der Einrichtung des Informationszentrums vor allem der großzügige Treppenaufgang aus dem Anfang des 18. Jahrhunderts und auch hier verschiedene Einzelheiten aus der Zeit der Neugestaltung durch den Architekten Lange erhalten, z.B. die neugotische Holzvertäfelung im großen Saal.

Zu Beginn des 19. Jahrhunderts schuf der renommierte Gartenarchitekt Maximilian von Weyhe den großräumigen, 7,5 ha umfassenden Park von Schloß Paffendorf. In diesem der natürlichen Landschaft nachempfundenen Landschaftsgarten mit Teich, lichten Freiräumen und locker gestreuten Baumpflanzungen ist ein Arboretum angelegt, das die Ausstellung von Blattfossilien im Schloß auf beeindruckende Weise ergänzt. Unter Einbeziehung des alten Parkbestandes wurden, soweit die heutigen Nachfahren der damaligen Pflanzenarten dies erlaubten, tertiäre Pflanzengesellschaften, denen wir die Entstehung der Braunkohle verdanken, rekonstruiert bzw. in erhaltenen Überresten ausgestellt.

Ein Besuch auf Schloß Paffendorf ist also nicht nur für den Bewunderer einer architektonisch besonders schönen rheinischen Wasserburg, sondern auch für den naturwissenschaftlich wie wirtschaftshistorisch interessierten Zeitgenossen ein lohnendes Unternehmen.

Paffendorf, Gesamtanlage von Westen gesehen, im 19. Jh. romantisierend überarbeitete zweiteilige Wasserburg aus dem 16. Jh.

Paffendorf, Blick vom Vorburggelände, links parkseitiger Torbau der Vorburg, dahinter runder Treppenturm der Hauptburg

Paffendorf,
Platanen im Park,
im Hintergrund Gartenpavillon aus dem 19. Jh.

Paffendorf,
Altan im Innenhof der Hauptburg,
neugotische Umgestaltung 1861—1865

Schlenderhan

Schlenderhan,
Blick über den Schloßteich
auf die südliche Parkfront des Herrenhauses

Schlenderhan, von Süden gesehen, zweiseitige ehrenhofartige Öffnung der Maison de plaisance

Als die Äbte von Brauweiler und Kornelimünster im Jahre 1258 ihren Besitz in der nördlichen Ville, dessen Waldgedinge sie bis dahin gemeinsam verwaltet hatten, untereinander aufteilten, wurde der „Slenderhagen", den Pfalzgraf Erenfried 1051 der Abteigründung Brauweiler geschenkt hatte, zum Mannkammergut von Kornelimünster. Bereits 1271 führte ein Rittergeschlecht den Namen des Besitzes.

Durch die Heirat der Erbtochter Maria von Schlenderhan mit Winand Raitz von Frentz kam das Gut 1527 an eine damit begründete Nebenlinie dieser weitverzweigten niederrheinischen Uradelsfamilie.

Zwei Jahre nachdem Carl Hubert Raitz von Frentz zu Schlenderhan, Landrat des Kreises Bergheim, 1867 kinderlos verstorben war, erwarb der Kölner Bankier Simon Freiherr von Oppenheim das ausgedehnte Anwesen. Er gestaltete es zu einem großzügigen Landsitz um, auf dem nach der Übernahme durch Eduard von Oppenheim das heute weltbekannte Gestüt entstand.

Bereits im 17. Jahrhundert hatte Schlenderhan im Zusammenhang mit der Reiterei eine gewisse Berühmtheit dadurch erlangt, daß der ehemalige „Unter-Pferds-Knecht" des Schlosses, Jan von Werth, hier seine legendäre Karriere zum kaiserlichen Reitergeneral begann. Dieser Aufstieg, der Jan Ruhm und Geld einbrachte, blieb mit Schlenderhan — wo man noch um 1840 den Degen des Volkshelden zeigte — auch weiterhin verbunden. Der ehemalige Dienstherr Jan von Werths auf Schlenderhan wurde im letzten Jahr des Dreißigjährigen Krieges Schwiegervater der reichen Erbtochter Jans. Dies dürfte die Standeserhöhung der Raitz von Frentz in den Reichsfreiherrenstand im Jahre 1650 mitbeeinflußt haben. Auf Schlenderhan soll auch das später von der Legende nach Köln verlegte Wiedersehen Jans mit seiner Jugendliebe stattgefunden haben, die ihn verschmäht hatte, als er noch der einfache Pferdeknecht war. Auf die Frage des nach Schlenderhan zurückkehrenden erfolgreichen Feldherrn an die arm gebliebene Magd: „Griet, wer et hätt jedonn?" bekam er die sprichwörtlich gewordene Antwort: „Jan, wer et hätt jewoß".

Die damalige, etwa einen Kilometer vom heutigen Schloß entfernt gelegene Anlage wurde um 1780 aufgegeben und nach der Übersiedlung der Besitzer in den derzeitigen Neubau wegen Baufälligkeit zum größten Teil abgebrochen. Jene von Wassergräben umgebene zweiteilige Schloßanlage mit Ecktürmen am Haupthaus und an der Vorburg ist auf einem Pilgerblatt des einst auf dem Villerükken zwischen Bergheim und Oberaußem gelegenen Klosters Bethlehem aus dem Jahre 1767 bildlich überliefert. Der letzte Turm der alten Burg stürzte vor etwa 40 Jahren mitsamt einem nahegelegenen Gewächshaus, dem Blumengarten und einer Pferdekoppel plötzlich in die unmittelbar benachbarte Braunkohlengrube, die heute wieder verfüllt ist und mit ihrem Baumbestand den kulissenartigen Abschluß des ausgedehnten Schloß- und Gestütsbereichs bildet.

Das neue spätbarocke Schloß ist einer der letzten Landsitze, die sich der in dieser

Schlenderhan, Hengsthaus im offenen Landschaftspark

Gegend ansässige Adel vor der französischen Revolution errichtete. Heute präsentiert sich Schlenderhan als doppelte Hufeisenanlage, malerisch auf einer Anhöhe oberhalb der Schloßteiche und gegenüber der von einem kleinen Friedhof umgebenen Pfarrkirche von Quadrath-Ichendorf gelegen.

Der zentrale Bau ist eine breitgelagerte zweigeschossige Maison de plaisance von elf mal vier Achsen mit abgewalmtem Mansarddach und zur abfallenden Parkseite hin pavillonartig vorgezogenem Mittelrisalit. An der Hofseite bilden zwei rechtwinklig zugeordnete, später angebaute Seitenflügel eine Art Ehrenhof. Das Allianzwappen der Erbauer Raitz von Frentz und von Warsberg über dem Portal dieser Seite weisen sie als die ursprüngliche Hauptfront des Schlosses aus. Dagegen deutet das Wappen der Familie Oppenheim über dem Portal der Parkseite auf eine auch von ihnen akzeptierte Umorientierung der Gesamtanlage hin. Der parkwärtigen Front sind rechts und links langgestreckte, ebenfalls später errichtete doppelte Seitenflügel rechtwinklig vorgelagert. Der so gebildete ehrenhofartige Vorplatz, der durch ein hohes schmiedeeisernes Gitter mit Mitteltor seit 1873 nach vorne hin repräsentativ abgeschlossen ist, bildet heute den eigentlichen Hauptvorplatz und das Oppenheimsche Portal den Hauptzugang zum Schloßbau.

Im Innern dieser bisher nicht exakt datierten Maison de plaisance sind besonders beachtenswert ein 1786 entstandenes Treppengeländer, Türen und Türumrahmungen im Zopfstil des späten 18. Jahrhunderts sowie zwei wieder aufgedeckte und restaurierte große Wandgemälde mit Flußlandschaften aus derselben Zeit.

Die weitläufige Umgebung des Schlosses wird durch einen großen, um 1870 angelegten Park mit bemerkenswertem, leider immer weiter dezimierten Bestand seltener Bäume geprägt. Vom parkwärtigen größeren Innenhof, der ein geometrisch angelegtes Gartenparterre umschließt, öffnet sich der Blick auf den nach englischem Vorbild gestalteten weiten Landschaftspark. Jenseits des gestauten Gewässers in der Talsenke liegt dem Hof gegenüber das gepflegte klassizistische Hengsthaus. Diese Konstellation unterstreicht auch optisch die Bedeutung der Pferdezucht für das Gut. Im Umkreis erstrecken sich zahlreiche große mit Weißdornhecken eingefaßte Pferdekoppeln, zwischen denen über den gesamten Besitz verstreut die einzelnen Stallungen, Angestelltenwohnungen und Wirtschaftsgebäude stehen. Nicht weit von dem eigens aus England importierten sogenannten Oleanderstall befindet sich ein kleiner Friedhof mit den Gedenksteinen der berühmtesten Pferde von Schlenderhan. Das Ganze erweckt in seiner unauffälligen Gepflegtheit den Eindruck einer in sich geschlossenen, englischen Kleinlandschaft, die in ihrer Gestaltung von der freien Flur allmählich zum kunstvoll angelegten Schloßpark überleitet, der im inneren Bereich die kleinteilige barocke Anlage mit ihrem reichen Skulpturenschmuck einschließt.

Schlenderhan verbindet in seiner Gesamtanlage auf harmonische Weise die gelassene Ruhe eines weitläufigen und behäbigen Landsitzes mit der Repräsentationsfunktion eines Schlosses.

Schlenderhan, Lithographie von Ferdinand Müller,
Mitte des 19. Jh.,
die Rahmenfüllungen veranschaulichen die Lage
des Schlosses am Rande des Villerückens

Frens

Frens,
nordöstliche, als Repräsentationsseite durchgebildete
Giebel- und Turmfront der Hauptburg

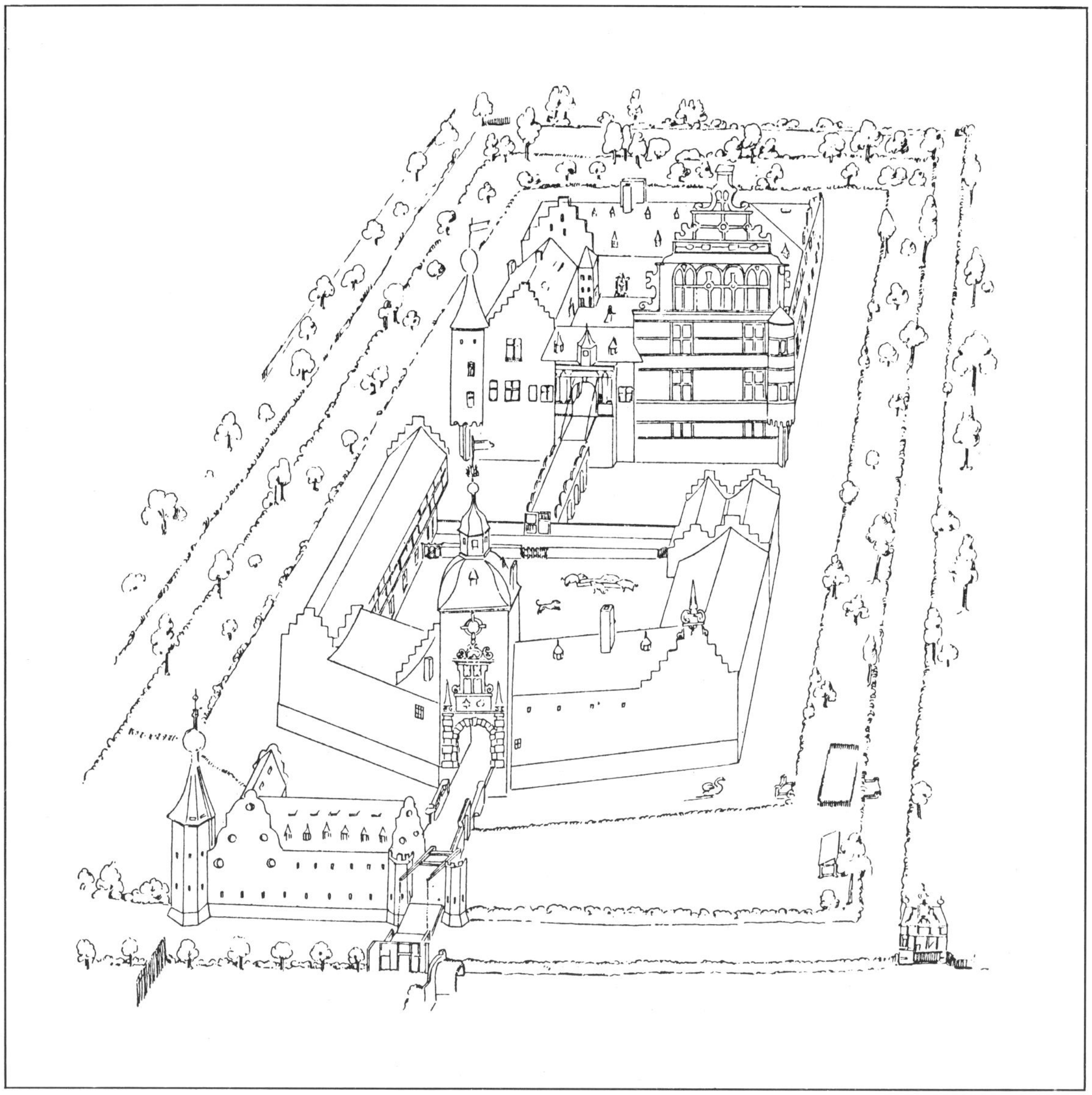

Frens, Hauptburg mit zwei Vorburgen, nach einer Federzeichnung um 1600

Ausgedehnte Pferdekoppeln umgeben ein Waldstück südlich von Quadrath-Ichendorf, in dem Schloß Frens liegt, eines der großen Gestüte dieser Region. Ein System von Wassergräben umzieht die Gesamtanlage, die aus einem vorgelagerten weiträumigen Wirtschaftshof und dem prächtigen Herrenhaus mit eigenem Wasserring besteht.

Als Stammsitz eines Geschlechts von Frens wird das „Castrum Vrenze" schon 1263 genannt. Zu Anfang des 14. Jahrhunderts muß diese Familie wohl ausgestorben sein, und die Burg kam in den Besitz der Grafen von Virneburg. Im Jahre 1347 verkaufte Graf Robert von Virneburg das Haus an Rutger Raitz. Die Familie Raitz war eines der ältesten Kölner Patriziergeschlechter. Nach der „chronika der hilliger Statt Collen" von 1499 war es eines der fünfzehn sagenhaften Geschlechter, die Kaiser Trajan von Rom nach Köln geführt haben soll. Sie nannten sich vom Erwerb der Burg an nach ihrem Sitz Raitz von Frentz. Nahezu vierhundert Jahre blieb die Burg im Besitz dieser Familie.

Während des 14. und 15. Jahrhunderts war die Hauptburg wohl eine zweiflügelige Winkelanlage, deren Hof von Wehrmauern abgeschlossen wurde. Nach seiner Verheiratung mit Henrica von Willich im Jahre 1560 erweiterte Adolf Raitz von Frentz die Burg zu einer Rechteckanlage um den Innenhof und schloß an der Eingangsfront den nördlichen Flügel mit einem Renaissancegiebel ab. Seine Erben setzten die Umarbeiten fort, fügten nacheinander den südlichen und mittleren Ziergiebel hinzu und gestalteten das Schloß in den reichen Formen der niederländischen Renaissance, die noch heute den prachtvollen Gesamteindruck bestimmen. Um die Schaufassade symmetrisch zu gliedern, wurde dem schmaleren Südflügel eigens eine breitere, teilweise frei im Graben stehende Fassade vorgesetzt.

Nach 1690 schließlich ergänzte Franz Karl Raitz von Frentz die Repräsentationsfront durch die starken flankierenden Vierkanttürme und brachte damit die bauliche Entwicklung der Hauptburg zu einer geschlossenen symmetrischen Anlage zum Abschluß.

Auffallend an dieser Baugeschichte ist, daß der jeweilige Erbe nach seiner Verheiratung begann, das Schloß auszubauen bzw. umzubauen. Ob das geschah, um Platz für den Familienzuwachs zu schaffen, oder um die Mitgift standesgemäß anzulegen, muß Spekulationen überlassen bleiben.

Im Jahre 1732 gelangte das Schloß durch Heirat der Maria Anna Ludowica Raitz von Frentz mit Dominicus Freiherr Beissel von Gymnich an dessen Familie, die 1816 in den Grafenstand erhoben wurde. Unter dem Grafen Franz Hugo Beissel von Gymnich erfolgte

Frens, von Süden gesehen; der Vergleich mit der Federzeichnung auf S. 82 veranschaulicht die im Laufe der Jahrhunderte erfolgte bauliche Veränderung zu einer symmetrisch gegliederten kompakten Schloßanlage

1838 — 1850 ein weiterer gründlicher Umbau. Die vorgeblendete Schaufassade des Hauptschlosses wurde vereinheitlicht, das Innere neu ausgestattet und die gesamte Vorburg neu aufgeführt. Damit erhielt Schloß Frens endgültig sein heutiges Gesicht.

Gegenwärtige Besitzerin ist die Baronin Olga von Abercron, geborene Gräfin Beissel von Gymnich. Häufig schon hat sie Schloß Frens als „gute Stube des Erftkreises" für dessen Empfänge zur Verfügung gestellt. Sie setzt damit eine Familientradition fort, die auf ihren Großvater, Otto Graf Beissel von Gymnich, zurückgeht. Er war 1891—1929 Landrat des Kreises Bergheim und führte damals die Amtsgeschäfte in Ermangelung geeigneter kreiseigener Räumlichkeiten auf Schloß Frens.

Das Schloß ist ein zweistöckiger verputzter Backsteinbau, der zur Schaufront hin auf einem unmittelbar aus dem Wasser des Teiches ragenden Hausteinsockel ruht, während an der rückwärtigen Seite noch der Inselcharakter erkennbar ist. Die Giebel der Seitenflügel sind an der Hauptfront mit reichen Beschlagwerkornamenten verziert. Der kleinere Giebel über dem Mittelrisalit ist in gleicher Weise ausgestaltet und trägt das Allianzwappen der Beissel und Fürstenberg. Die seitlich vortretenden viereckigen Türme sind mit welschen Hauben aus der Mitte des 19. Jahrhunderts bekrönt, die pavillonartige offene Laternen tragen.

In reizvollem Kontrast zu dieser aufwendigen und repräsentativen Schaufront stehen die rückwärtigen Fassaden des Schlosses. Sie sind vergleichsweise schlicht gehalten, glatt und ohne Gliederung. Ihre Ecken werden von schlanken runden Türmen abgeschlossen. Insgesamt erweckt der Bau den Eindruck einer Synthese von repräsentativem Landschloß und dem älteren Motiv der wehrhaften Wasserburg.

Den Innenhof des Schlosses, in dem sich ein efeuumrankter Wandbrunnen befindet, bereichert ein kunstvolles Fassadenattribut. Die drei Rundnischen des Brunnens aus dem 16. Jahrhundert werden giebelartig von einem reichen Geflecht aus Beschlag- und Rollwerkornamenten über pilastergetragenem doppeltem Gesims bekrönt. Von diesem Hof aus gelangt man in das Haus, das eine Reihe prächtig ausgestalteter und ausgestatteter Räume aufweist. Besonders erwähnenswert sind das prunkvolle Holztreppenhaus, die Hauskapelle mit gotisierender Deckenmalerei und eine um 1500 gefertigte Kreuzigungsgruppe aus Eichenholz, die Wandbespannungen mit kostbaren alten Ledertapeten um 1730 in zwei kleineren Salons sowie Holztäfelungen, Parkettfußböden, Rokokostuck und Marmorkamine, Möbel und Gemälde aus dem 19. Jahrhundert. Eine Sammlung chinesischer Vasen zeigt noch Spuren der jüngeren Geschichte von Schloß Frens. Während der Besatzungszeit wurde die Inneneinrichtung stark beschädigt und teilweise zerstört. Die Vasen, deren Scherben man später aus dem Schloßteich fischte, wurden in mühevoller Kleinarbeit wieder zusammengesetzt.

Frens, Nordwestansicht der Schaufassade

Eine breite Bogenbrücke, in deren Verlängerung vor dem Schloßportal noch die Zugbrücke mit Ketten erhalten ist, verbindet Hauptburg und Vorburg. Die große Freifläche vor dem Schloß läßt die Fassade in ihrer vollen Breite zur Geltung kommen. Den hier im 19. Jahrhundert geschaffenen Rasenvorplatz umgibt ein klassizistisches Gitter, das die Lage der ehemaligen inneren Vorburg nachzeichnet. Zwei Löwen auf hohen gegliederten Pfeilern bewachen den Durchgang vom heute noch vorhandenen Wirtschaftshof zum repräsentativen Schloßbereich.

Die äußere, noch erhaltene Vorburg ist eine großzügige Hufeisenanlage mit zweigeschossigen Wohn- und Wirtschaftsbauten, die heute auch die Stallungen des Gestüts beherbergen. Zum Hof führt von der langgestreckten Zugangsallee her ein rundbogiges, aus dem ehemaligen Torturm der inneren Vorburg nach hier versetztes Tor, dessen Architrav das Allianzwappen Frentz und Brabeck trägt. Ihm zur Seite stehen zwei steinerne Schilderhäuschen.

Nachdem sich in den 50er Jahren erhebliche Senkungsschäden bemerkbar gemacht hatten, mußte das Gebäude 1961 wegen Einsturzgefahr vorübergehend von seinen Bewohnern geräumt werden. Seitdem waren wiederholt umfangreiche Instandsetzungs- und Sicherungsarbeiten erforderlich. Wie bei vielen Wasserburgen mittelalterlichen Ursprungs ruhen die Grundmauern von Frens noch heute zum größten Teil auf einem Rost von Eichenpfählen, der einst in den sumpfigen Niederungen die Gebäude tragen half. Ein solches „schwimmendes" Fundament erhält sich jedoch nur bei einem ausgeglichenen Feuchtigkeitshaushalt. — Da der Grundwasserspiegel infolge des Braunkohlenabbaus beträchtlich sank, ist die Statik von Schloß Frens stark gefährdet.

Frens, Lithographie von Ferdinand Müller,
Mitte des 19. Jh.,
Türme noch mit einfacherer Bedachung

Frens,
Blick vom inneren Vorhofbereich auf das äußere Tor
mit Allianzwappen und Schilderhäuschen

Hemmersbach

*Hemmersbach,
zum Gartenhaus umgebauter ehemaliger Wehrturm
am nordwestlichen Grabenbering*

Hemmersbach, Gesamtanlage von Süden gesehen

Aus dem Dorfkern von Horrem führt eine von Gräben begleitete Allee zum Torhaus der Burg Hemmersbach. Gegenwärtig bleibt dem neugierigen Besucher noch der von einem größtenteils erhaltenen dreifachen Grabensystems umschlossene weitläufige Komplex der zweiteiligen Wasserburg verschlossen.

Mit dem edelfreien Ritter Wicmanus de Hemersbach werden die Herren von Hemmersbach bereits 1077 urkundlich erwähnt. Als „vir militaris et nobilis" hatte er seine Burg zum freien Eigentum. Diesen Allodialbesitz übertrug Wilhelm von Hemmersbach bei gleichzeitiger Rückerstattung als erbliches erzbischöfliches Lehen 1176 an den Kölner Erzbischof Philipp von Heinsberg, der mit dem kostspieligen Erwerb der Lehenshoheit über eine Vielzahl von Burgen die landesrechtliche Stellung des kölnischen Territoriums gegenüber dem Reich verstärkte. Gegen Ende des 13., anderen Quellen zufolge am Anfang des 14. Jahrhunderts, gelangte die Herrschaft Hemmersbach durch Heirat an einen Zweig der von Merode. Die damalige Burg lag, durch sumpfiges Gelände zusätzlich geschützt, südlich der heutigen Schloßanlage zwischen dem Ort Hemersbach, der erst 1907 in der Gemeinde Horrem aufging, und der Erft. Im Auenwald westlich von Horrem zeichnen sich noch heute der doppelte Wallgrabenring und die völlig überwachsenen Ziegelschutthügel von Haupt- und Vorburg der weiträumigen ehemaligen Wehranlage deutlich im Gelände ab. In der zweiten Hälfte des 14. Jahrhunderts war sie Schauplatz einer Auseinandersetzung, die als Hemmersbacher Fehde Eingang in die Geschichtsschreibung fand.

Johann Scheiffart, Herr von Merode und Hemmersbach, hatte als Raubritter Kölner und Brabanter Kaufleute auf der unweit von Hemmersbach vorbeiführenden Köln-Aachener Straße überfallen und ausgeplündert, um sich für Ansprüche schadlos zu halten, die er vor den Geschworenen des Landfriedensbundes zwischen Maas und Rhein nicht hatte durchsetzen können. Als betroffene Mitglieder des Landfriedens entsandten der Herzog von Brabant und die Stadt Köln im Herbst 1366 Truppen gegen Hemmersbach. Nach monatelanger Belagerung wurde die Burg am Weihnachtsabend desselben Jahres eingenommen und zerstört. Das Unternehmen muß mit bemerkenswertem Aufwand betrieben worden sein, da es, wie sich aus erhaltenen Kölner Rechnungen ergibt, vor allem für die Bezahlung von Söldnern und die Erstellung von Wurf-, Brech- und anderen Belagerungsmaschinen beträchtliche Mittel verschlungen hat.

Nach ihrer Gefangennahme sollen Johann Scheiffart von Merode und drei seiner Söhne nebst einer Anzahl von Gefolgsleuten „up rader gesat", also auf dem Rade hingerichtet worden sein. Der jüngste, an den Auseinandersetzungen nicht beteiligte Sohn, Heinrich Scheiffart von Merode, soll auf Fürsprache des Herzogs von Jülich hin, nachdem er Verzicht auf Blutrache geschworen hatte, die Herrschaft Hemmersbach zurückerhalten und außerhalb der Bannmeile an der heutigen Stelle die neue Burg errichtet haben. Entgegen dieser über 600 Jahre weitergegebenen und entsprechend ausgeschmückten und veränderten Version der damaligen Ereignisse verweist eine Ansicht in der jüngeren Geschichtsforschung vor allem die Hinrichtung der Verteidiger von Hemmersbach in das Reich der Legende, da sich Johann Scheiffart von Merode und „die massakrierten Mitglieder seiner Familie ... nach ihrer Hinrichtung bei bester Gesundheit" befunden und nachweisbar eine bedeutende Rolle in der territorialen Politik jener Zeit gespielt haben sollen.

Um 1590 starben die Scheiffart von Merode auf Hemmersbach im Mannesstamme aus, und die Herrschaft gelangte über weibliche Erbfolge an die Familie von Vercken. Noch 1648,

Hemmersbach,
Schloß von Nordosten gesehen,
Anbau um 1899

am Ende des 30jährigen Krieges, erstürmten und brandschatzten die mit den Schweden verbündeten hessischen Truppen die Burg. Nach dem Tod der Charlotte von Vercken 1732 entspann sich ein langer Rechtsstreit um Hemmersbach zwischen der Familie von Bentinck und den Herren von Berghe, genannt Trips. Ein 1751 geschlossener Vergleich sprach den Besitz zunächst den von Bentincks, die Exspectanz dagegen, eine Art Anwartschaft, den Berghe von Trips zu. Sie wurden erst nach 1762 Burgherren auf Hemmersbach.

Im Jahre 1796 wurde Franz Adolph Berghe von Trips in den Reichsgrafenstand erhoben. Seine Burg Hemmersbach war jedoch einige Jahre zuvor von den Österreichern eingeäschert worden, als sie 1793 im ersten Koalitionskrieg das vom revolutionären Frankreich besetzte linke Rheinufer zurückeroberten. Von der mittelalterlichen Wehranlage blieb wenig erhalten. Der trapezförmige Grundriß der Hauptburg mit dem angegliederten Rundturm sowie die unregelmäßigen Grundrißformen der Vorburg rühren noch von den Vorgängerbauten. Als Teile der ehemaligen Befestigung sind an den nördlichen Biegungen des mittleren Wassergrabens zwei gedrungene quadratische Backsteintürme bewahrt. Sie finden diagonale Entsprechungen in einem ebenfalls schräggestellten Turm an der südwestlichen Außenecke des Wirtschaftshofs und dem turmartig erhöhten Torhaus an der Südostecke.

Die beiden gotischen Spitzbogenportale des Torbaus aus verputztem Backstein sind, wie die Zugbrückenblende an der Außenseite, in Trachytquadern ausgeführt. Die Durchfahrt selbst ist flach überwölbt. Das Untergeschoß stammt noch aus dem Mittelalter, während das von einem Krüppelwalmdach bedeckte Obergeschoß wie der anstoßende Ostflügel des Wirtschaftshofs nach dem Brand im 18. Jahrhundert erneuert wurde. Die übrigen Gebäude der Vorburg entstanden, wie auch die barocke Haube auf dem südwestlichen Eckturm, in ihrer heutigen Form zum größten Teil in der zweiten Hälfte des 19. Jahrhunderts. Maueranker an den Wirtschaftstrakten zeigen neben den Initialen der gräflichen Bauherren Berghe von Trips die Jahreszahlen 1855, 1893 und 1904.

Hemmersbach, Bildtapete

Noch heute verleihen der breite, das Herrenhaus auf drei Seiten umfassende Wassergraben und der die Gesamtanlage ganz umschließende mittlere Graben der Wasserburg ihren besonderen Reiz. Die Auffüllung des Grabenabschnitts vor dem Herrenhaus erlaubte die Anlage einer großzügigen Freitreppe vor seinem Hauptportal und einen weitläufigeren Übergang zu dem gleichzeitig vergrößerten, parkartig gestalteten Hofraum.

Das in Quaderputz ausgeführte Herrenhaus von Burg Hemmersbach ist ein imponierender, über einem Sockelgeschoß zweistöckiger Bau mit sechs Fensterachsen an der hofwärtigen Front. Das Gebäude wurde 1838—1840 von dem Kölner Baumeister Wallée im klassizistischen Stil errichtet. Um 1899 wurde es erweitert und erfuhr durch den Bonner Architekten Thoma eine barocke Überarbeitung. Damals wurde der nordöstliche Anbau mit Erker hinzugefügt, anstelle eines doppelten Walmdachs wurde das mächtige zweigeschossige Mansarddach aufgeführt, und der an der Südostecke hervortretende Rundturm erhielt statt einer flachen Aussichtsplattform die geschweifte, von einer Laterne bekrönte, runde Haube.

Die kostbare Inneneinrichtung des Herrenhauses stammt weitgehend aus der Erbauungszeit. Stuckdecken, reich verzierte Kamine und Tapeten in einer seltenen Harzanstrichtechnik vermitteln den Eindruck repräsentativer Wohnlichkeit, mit der Graf Eduard Ignaz Berghe von Trips damals den Neubau ausstatten ließ.

Weitesten Kreisen bekannt ist wohl heute noch der letzte männliche Träger des Namens, Wolfgang Graf Berghe von Trips. Als erfolgreicher und wegen seiner Kameradschaftlichkeit beliebter Rennfahrer, Gründer des Motorsportvereins „Scuderia Colonia", wurde er zu einem sportlichen Idol der 50er und beginnenden 60er Jahre. Die Weltmeisterschaft in greifbarer Nähe, verunglückte er 1961 in Monza tödlich.

Die von den inzwischen ebenfalls verstorbenen Eltern des Sportlers verfügte Gräflich von Trips'sche Sportstiftung zu Burg Hemmersbach bemühte sich seit ihrer Konstituierung 1976, das Vermächtnis des adligen Grand-Prix-Fahrers mit Leben zu erfüllen. Hemmersbach sollte zu einer Begegnungsstätte für Sportler aus aller Welt werden und ein Motorsport-Museum aufnehmen. Die immensen Finanzierungsprobleme konnten erst 1985 durch den Verkauf an den renovationserfahrenen vielfachen Burgenbesitzer Hillebrand gelöst werden.

Ein Sport- und Freizeitzentrum einschließlich Sportlerwohnungen und Rennsportmuseum wird auf dem Außengelände entstehen, während die eigentliche Burganlage die Verwaltung der Firma Hillebrand nebst Personalwohnungen aufnehmen und im Haupthaus die Familie Hillebrand einziehen wird.

Lörsfeld

*Lörsfeld,
Hauptburg,
über dem Spitzbogenfries ehemaliger Wehrgang und Eckwarten,
rechte Bildmitte erhaltener Torturm der früheren Vorburg*

Die Burg Lörsfeld geht, wie zum einen ihre Namensendung, zum anderen ihre Lage zwischen den Waldblöcken des Lörsfelder Buschs und des Naturschutzgebietes Parrig vermuten läßt, auf einen früheren Rodehof zurück.

Die Burg war der Stammsitz der Herren von Lörsfeld, die seit dem 14. Jahrhundert bezeugt sind. Im Jahre 1435 gelangte das Gut durch Heirat in den Besitz der Spies von Büllesheim, die sehr wahrscheinlich gegen Ende des 15. Jahrhunderts das Herrenhaus erbauen ließen. Um 1579 kam die Burg durch Erbschaft und Heirat an die Familie von Eynatten, die Lörsfeld 1665 an den kurpfälzischen Wehrmeister Dietrich Leers verkaufte. Er machte das Gut 1690 zum Fideikommis, d. h. zum unteilbaren Erbgut. Schon sechs Jahre später hatte das Reichskammergericht einen Streit zwischen den Familien Brachel und Leers um den Besitz von Lörsfeld zu entscheiden, über dessen Ausgang wir allerdings nichts wissen. Das Anwesen wechselte in der Folgezeit noch einige Male die Besitzer, bis es 1818 schließlich die Reichsfreiherren von Fürstenberg erwarben. Adolf von Fürstenberg, dessen Insignien wir an verschiedenen Stellen in Lörsfeld finden, ließ um 1840 das Herrenhaus, angeblich nach Plänen des Kölner Dombaumeisters Ernst Friedrich Zwirner, restaurieren. Noch heute befindet sich die Burg im Besitz der Fürstenbergs, die allerdings selbst nicht hier wohnen.

An Wiesen vorüber führt der Weg von der Bundesstraße durch den verwilderten englischen Park zur Burg. Zunächst gelangt der Besucher zum Wirtschaftshof, einer typischen eingeschossigen Hufeisenanlage, die sich zur Hauptburg hin öffnet und am Osttrakt in Maueranken die Jahreszahl 1771 zeigt. Das Herrenhaus erhebt sich über nahezu quadratischem Grundriß auf einer eigenen Insel. Außer an der aufgefüllten Hofseite der Hauptburg und im Bereich des gegenwärtigen Wirtschaftshofs ist noch das verzweigte doppelte Grabensystem erhalten, das einst die Gesamtanlage umschloß. Der Verlauf der heute durch

Lörsfeld, Südwestansicht der Gesamtanlage

die Grundwasserabsenkung ausgetrockneten Gräben läßt vermuten, daß die Vorburg früher einmal auf der nördlichen Seite des Herrenhauses gestanden hat. Den damaligen Zugang bildet ein Torturm vor dem Westende des Nordflügels. Der vierkantige Backsteinturm vom Ende des 16. Jahrhunderts trägt eine geschweifte Haube und nach Süden eine Glokkengaube.

Von der Vorburg aus führt eine Treppe, flankiert von zwei Löwen aus Sandstein, die das Fürstenbergsche Wappen mit den nachträglich eingesetzten Initialen AvF (Adolf von Fürstenberg) präsentieren, auf die Bogenbrücke, die zu dem im Hochparterre gelegenen Portal der Hauptburg leitet. Das Herrenhaus ist ein malerischer zweigeschossiger verputzter Backsteinbau mit unregelmäßiger Fenstereinteilung, die wohl auch daraus resultiert, daß sich in der Südwestecke des Hauses — nur ein wenig nach außen vortretend — ein älterer mittelalterlicher Turm mit zwei Meter dicken Mauern verbirgt. Die Fenster sind teilweise schon im 17. Jahrhundert, im übrigen bei den Umbauten um 1840 durchgängig vergrößert worden.

Das Dach hat mehrfach Änderungen erfahren. Ursprünglich trug der umlaufende Spitzbogenfries einen Wehrgang. Der wehrturmartige Charakter des Hauses wurde auch damals schon durch die auskragenden Eckwarten betont, die erst in späterer Zeit ihre barocken Hauben erhielten. Im 18. Jahrhundert hat man den mittelalterlichen Wehrgang vermauert, bzw. in seine Öffnungen die Mansardfenster eingefügt. Die zwei längs des Hofs liegenden Walmdächer sind seit 1909 durch einen höheren Quersattel verbunden.

Von der Ausstattung des Hausinneren sind die gotisierenden Stuckdecken aus dem 18. und 19. Jahrhundert zu nennen, die flachgewölbten großen Nischen, die in den mächtigen Mauern die Fenster umrahmen, die Treppe aus dem 18. Jahrhundert und eine Pumpe im Hochparterre mit einem einfachen Wandbrunnen. Im Kellergeschoß dieses Gebäudeteils befindet sich noch der frühere Ziehbrunnen.

Dem kubusartigen Baublock des Haupthauses fügte das 19. Jahrhundert im Nordosten einen neugotischen Backsteinanbau mit Stufengiebel an, da die übliche, den verschiedenen Funktionen entsprechende Vierteilung eines herrschaftlichen Hauses mit Wirtschaftsräumen im Keller oder Sockelgeschoß nicht möglich war. Der Garten erhielt zur gleichen Zeit als Vervollständigung der damals neu ausgestalteten herrschaftlichen Parkanlage an der südwestlichen Ecke des Walls zwischen innerem und äußerem Graben einen Pavillon.

Wie bei vielen Wasserburgen des Erftkreises stammt auch in Lörsfeld der Gebäudekomplex in seinem Kern aus dem Mittelalter, während die schmückenden Details, dem im 19. Jahrhundert besonders ausgeprägten Schloßverständnis entsprechend, erst in jüngerer Zeit hinzugefügt wurden.

Hahn

Hahn,
heutiges Herrenhaus,
von der Straße gesehen

Haus Hahn, Federzeichnung von W. Wegener, 1949

Südlich von Sindorf liegt im offenen Gelände unmittelbar an der verkehrsreichen Schnellstraße Haus Hahn. Die Siedlung „Hane“ ist seit dem Anfang des 13. Jahrhunderts bezeugt. Ob ein im 14. Jahrhundert genanntes Geschlecht „vomme Hane“ von hier stammt, ist nicht gewiß. Als Lehen der Herrschaft Kerpen wechselte der Adelssitz im Mittelalter häufig den Besitzer. Im Jahre 1769 verlegten die Grafen von Schaesberg, die nach dem Erwerb der zerstörten Kerpener Burg samt zugehöriger Ländereien 1710 den Ausbau des Herrenhauses Hahn begonnen hatten, ihren Wohnsitz nach dort. Während die Burg in Kerpen 1793 niedergelegt wurde, hat Haus Hahn überdauert, wenn auch nicht völlig unbeschadet.

Obwohl dem romantisch veranlagten Burgenfreund manches an Haus Hahn nach der inzwischen beendeten Renovierung noch etwas aufgesetzt erscheint, ist die Anlage mit ihrer Gegenüberstellung von hufeisenförmiger Vorburg und ursprünglich auf eigener Insel gelegenem Herrenhaus typisch für rheinische Wasserburgen. Der im Jahre 1907 auf alten Grundmauern neu errichtete Vorhof behielt diese Konzeption bei. Ein Teil des Wassergrabens, der einst den gesamten Hof umgab, wurde jüngst wiederhergestellt und asphaltiert. Diese etwas ungewöhnliche Maßnahme war notwendig, um der aus dem gesunkenen Grundwasserspiegel resultierenden Wassernot zu begegnen.

Das Herrenhaus, dessen Maueranker mit der Jahreszahl 1710 auf den damaligen Umbau hinweisen, ist ein ebenfalls hufeisenförmiges zweistöckiges Gebäude aus verputztem Backstein mit Walmdächern. Der dreiflügelige Grundriß des Hauses entstand bereits im 17. Jahrhundert. Die Seitenflügel flankieren schlanke, von geschweiften Hauben bekrönte runde Ecktürmchen. Der mittlere Flügel wurde in jüngerer Zeit zum Hof hin erweitert, um im Inneren Raum für eine Diele zu gewinnen. Ein früher dem Quertrakt an der Straßenseite vorgelagerter Rechteckbau aus dem 18. Jahrhundert besteht dagegen heute nicht mehr.

Erhalten geblieben ist das schlichte Portal aus grauem Sandstein, während die barock empfundene Treppe aus rotem Sandstein erst in jüngster Zeit angelegt wurde.

Bergerhausen

Bergerhausen,
Hauptburg von Norden gesehen,
Turm und Anbauten aus der Mitte des 19. Jh.

Von ehemals drei Burgen in der kleinen Ortschaft Bergerhausen hat sich allein das gleichnamige „Schloß“ erhalten. Diese Burganlage in der Neffelbachniederung nordöstlich von Blatzheim war der Stammsitz eines nach der Burg benannten Adelsgeschlechts. So ist ein Werner von Bergerhausen urkundlich erwähnt, der 1291—1302 Amtmann in Lechenich war.

Als Wilhelm von Bergerhausen 1334 ohne direkte Nachkommen starb, fiel das erzstiftische Lehen an seinen Lehnsherrn zurück und wurde von ihm, dem Kölner Erzbischof Walram von Jülich, an Hermann de Pomerio aus dem alten jülichschen Geschlecht von dem Bongart übertragen. Ein halbes Jahrtausend lang blieb die Burg im Besitz dieser Familie, nach der sie auch Bongartsburg genannt wurde. Die letzten Güter der Herren von Bergerhausen brachte Nella von Bergerhausen 1424 dem Statz von Bongart, Erbkämmerer des Landes Jülich, in die Ehe ein. Die Burg war inzwischen im Kriege zerstört und verfallen, und so begann Statz von Bongart 1429 mit dem Neuaufbau als „eyne ritters woening ind huys“. Unter Wilhelm von Bongart und Maria Maschareil sowie deren Sohn Wilhelm von dem Bongart zu Heiden und dessen Frau Margaretha von Pallant wurde Bergerhausen im 16. Jahrhundert zu der für jene Zeit typischen Winkelanlage umgebaut, die noch in dem heutigen Ost- und Südflügel enthalten ist.

Als die Pestepidemie des Jahres 1615 auch Bergerhausen erreichte, gestattete Erzbischof Ferdinand seinem Lechenicher Amtmann Otto von dem Bongart unter der Bedingung, keine angesteckten Personen mit einzulassen, mit seiner Familie in die Lechenicher Landesburg umzusiedeln. Möglicherweise haben die unruhigen Zeiten des Dreißigjährigen Krieges, der drei Jahre später ausbrach, die Familie Bongart von einer Rückkehr nach Bergerhausen abgehalten; jedenfalls verfiel die Burg im Laufe der folgenden Jahrhunderte abermals, bis sie 1830 durch Heirat mit dem Freifräulein Augusta von dem Bongart an den Freiherrn Klemens von Waldbott-Bassemheim gelangte, der noch im selben Jahr die Erneuerung der Ruine in Angriff nahm. Die Wirtschaftsgebäude der Vorburg wurden ausgebaut, die der Vorburg zugewandte Hauptfront der Hochburg verändert und der Westflügel hinzugefügt. Eine Kapelle, von der bekannt ist, daß Johann von Bongart 1501 für die in ihr Betenden einen Ablaß von 100 Tagen bei Papst Alexander V. erwirkt hatte, wurde 1830 abgebrochen. Nach 1850 wurde an ihrer Stelle über dem Totenkeller der Familie die einschiffige neugotische Kapelle am Ostflügel erbaut, die 1861 durch Kardinal Geissel eingeweiht wurde.

Noch heute bietet die Gesamtanlage von Bergerhausen in ihrer baulichen Gestaltung wie auch landschaftlichen Einbindung das anschauliche Bild einer funktionalen Einheit von Verteidigungsfähigkeit, Repräsentationsbestimmung und wirtschaftlicher Existenzsicherung. Die zweiteilige Wasserburg besteht aus dem Herrenhaus, das bis auf die Südostecke noch von einem Weiher umgeben ist, und der südlich vorgelagerten Vorburg. Im Osten schließt sich der Mühlenhof an, in dem einst die zur Burg gehörende Mühle und später auch ein kleines Sägewerk betrieben wurde. Der Park von Bergerhausen, in dessen Gelände noch Teile der im 17. Jahrhundert geschleiften äußeren Gräben erkennbar sind, lädt nicht nur wegen der Trauerbuche, die als Kuriosität zu einem Laubengang gezogen ist, zu einem Spaziergang um die Burg ein.

Über den im Norden teichartig erweiterten Burggraben hinweg veranschaulicht der Blick auf den Innenhof der hufeisenförmigen Hauptburg besonders deutlich deren Inselcharakter. Im Winkel zwischen den beiden Hauptflügeln ist ein mächtiges Treppenhaus mit ungleichseitigem achteckigen Turmaufbau vorgesetzt, der von einer welschen Haube mit aufgesetzter Laterne bekrönt wird. Korrespondierend dazu leitet ein kleinerer Viereckturm im gegenüberliegenden Winkel vom Loggiavorbau des Südflügels zum Westflügel über. Diese Anbauten stammen aus der Mitte des 19. Jahrhunderts; der Westflügel wurde im 20. Jahrhundert aufgestockt. Die Trakte enden jeweils in gestuften und geschweiften Giebeln.

Um einiges repräsentativer als beim Blick auf den „Hinterhof“ erweist sich die Hochburg an der entgegengesetzten Zugangsseite. Die Hauptfront des zweigeschossigen Herrenhauses zeigt in der Fassade über den Fenstern Dreiecksgiebel, die im Obergeschoß mit antikisierenden Büsten geschmückt sind. Das neugotische, von einem kleinen Treppenturm begleitete Eingangsportal am Ende der über den Graben führenden Bogenbrücke stammt laut dort angebrachter Inschrift aus dem Jahre 1887. Über der Tür sind Wappen verschiedener Zweige der Familie von Bongart eingefügt. Weitere Allianzwappen hier ansässiger Familien befinden sich über drei Trägerfiguren am Balkonfenster, daneben sieht man den Überrest einer Kartusche mit Hausmarke und einer Minuskelschrift aus dem 16. Jahrhundert. Den geschweiften Treppengiebel des Ostflügels zieren an dieser Repräsentationsfront Beschlagwerkornamente. Im Innern haben sich ein prächtiger Renaissancekamin mit der Jahreszahl 1572 und eine Sammlung gußeiserner Ofenplatten erhalten. Seit 1977 beherbergt die Hauptburg eine therapeutische Einrichtung.

Die Vorburg von Bergerhausen dient noch als Wirtschaftshof. Im 16. Jahrhundert waren beide Bereiche durch eine Ringmaueranlage mit zwei gewaltigen Rundtürmen verbunden, von denen sich der östliche erhalten hat. Kuppelgewölbte Räume im Innern des Backsteinturms von 11 m Durchmesser boten in drei Geschossen hinter meterdicken Mauern genügend Schutz und mit ihren zahlreichen Schießarten für jene Zeit optimale Verteidigungsmöglichkeiten. Die Außenseiten der Vorburg, einer unregelmäßig um einen viereckigen Innenhof gruppierten Anlage, waren in die Befestigung einbezogen. Ein quadratischer Turm mit zwiebelförmiger Laternenhaube aus dem 17. Jahrhundert ist dem Südtrakt, dessen geschweifter Ostgiebel aus der gleichen Zeit stammt, an der exponierten Westecke quer vorgesetzt.

Bergerhausen,
Lithographie von Ferdinand Müller,
Mitte des 19. Jh.,
Zustand vor der Erweiterung

Bergerhausen, Gesamtanlage von Süden gesehen,
im Vordergrund Vorburg,
rechts heute freistehender Wehrturm,
dahinter Mühlengehöft

Blatzheim

Blatzheim,
Straßenfront der Kommandeursburg,
Tor mit Zugbrückenblende

Blatzheim, Federzeichnung von W. Wegener, um 1949,
östliche Außenfront des Herrenhauses

Die sogenannte Kommandeursburg in Blatzheim liegt unmittelbar an der Straße von Köln nach Düren in der Senke des Neffelbachs. Zum Teil ausgetrocknete Wassergräben umziehen die nahezu quadratische Vierflügelanlage aus Backstein, die dem Typus der einteiligen Hofesfeste entspricht.

Der winkelförmige zweigeschossige Wohnbau mit Hausteinfenstern nimmt einen Teil des Ostflügels und die gesamte von der Tordurchfahrt durchbrochene Front zur Straßenseite ein. An der Ecke tritt ein starker dreigeschossiger Vierkantturm mit mehrfach geschweifter Haube hervor, mit dem ein wesentlich kleinerer, fast stumpfartiger Turm in der Diagonale der Gesamtanlage korrespondiert. Letzterer ist unter der barocken Haube noch mit schmalen Schießscharten bewehrt. Die den Hof umschließenden Wirtschaftsgebäude stammen aus dem vorigen Jahrhundert und sind niedriger gehalten als das Wohnhaus.

Wegen der urkundlichen Bezeichnung „Teutsche Ordenßburg“ hat man früher unzutreffenderweise das Gut für eine Kommende des Deutschen Ritterordens gehalten. Das Anwesen war zwar Eigentum der Deutschordensritter, es diente jedoch lediglich als Wirtschaftshof und Landsitz. Im Jahre 1602 wurde Haus Blatzheim von dem Landkomtur (Kommandeur, daher der Name der „Burg“) der Deutschordensballei Altenbiesen, Heinrich von Reuschenberg, anstelle eines älteren Hofs neu erbaut. Noch heute zeigt ein Reliefstein über der flachbogigen, etwas zurücktretenden Tordurchfahrt das Wappen der Herren von Reuschenberg mit der Inschrift: GOTT ALLEIN DIE EHIR ANNO 1602.

Heinrich von Reuschenberg wurde gelegentlich als der letzte rheinische Ritter bezeichnet. Seinen aus dem mittelalterlich-christlichen Kreuzzugsgedanken hervorgegangenen Orden liebte er über alles und war doch gleichzeitig ein dem Diesseits zugewandter, keineswegs weltfremder Mensch der Renaissance. Er war der Begründer der letzten im Rheinland entstandenen Kommende des Deutschen Ritterordens, der Kommende Jungenbiesen, die ab 1582 in Köln neben dem Karmeliterkloster errichtet wurde. Um dem Komtur der Neugründung ein standesgemäßes Auskommen zu sichern, erwarb Heinrich von Reuschenberg mehrere Güter und Renten, die er der Kommende Jungenbiesen zuteilte. Dazu gehörte auch der Hof in Blatzheim. Im Jahre 1594 veräußerte Friedrich von der Marck zu Villigst sein „Adliche Hauß und Hoff zu Blatzheim im Churfürstenthumb Collen und Amp Lechenich gelegen mitt allen seinen gehoechten, Weyeren, Bungarden, Bempden, Wiesen, Artlanden, Buschen, Zinsen, Jahrpfachtten genßen, Capunen, Höneren und Pfenniggelt“ an den Deutschen Ritterorden. Der kurkölnische Landtag erkannte das Gut jedoch erst 1712 ausdrücklich als „adlich seeß“ an, und damit als von allen Abgaben und Einquartierungen befreit.

Blatzheim, Wappen derer von Reuschenberg über der Tordurchfahrt

Als geistlicher Besitz wurde der Hof 1802 säkularisiert und gelangte als Dotation Napoleons an den französischen General George Mouton, der ihn bald weiterverkaufte. Bis zum heutigen Tage dient die Kommandeursburg, wie schon zu Zeiten der Deutschordensritter, in erster Linie landwirtschaftlichen Zwecken.

Niederbolheim

Niederbolheim,
klassizistische Repräsentationsfront
des Herrenhauses

Niederbolheim,
Hoftor und Turm,
Verwendung von Wehrbaumotiven im 19. Jh.

Am Rande der Neffelbachniederung liegt unweit der Ortschaft Niederbolheim die gleichnamige „Burg“ mit einem stattlichen Wohnhaus und angegliedertem schlanken Turm.

Der Burgenfreund, der hier das urkundlich 1341 erwähnte „Castrum Boylnheym“ vermutet, wird jedoch durch eine Namensübertragung getäuscht. Von der alten Burg zeugt nur noch ein flacher Hügel in der Bachniederung. Das heute „Burg“ genannte Anwesen wurde 1870 errichtet und hat mit der untergegangenen Burg nur gemein, daß es einen Teil der einstigen Burgländereien bewirtschaftet.

Die gegenwärtige Anlage ist jedoch ein augenfälliges Beispiel der romantischen Wiederverwendung von Formen des rheinischen Burgenbaus im 19. Jahrhundert. Bemerkenswert ist, wie minutiös auf zum Teil engstem Raum die gleichen Motive wiederkehren. So findet der Vierkantturm Entsprechungen in den Pfeilern beiderseits des Hoftores. Unter dessen Mauerkrone verläuft ein Rundbogenfries, das sich über der Seitenpforte fortsetzt und dort mit einigen wenigen Zinnen das Motiv der Turmbekrönung aufnimmt. Tor und Seitenpforte entsprechen in ihrer überhöhten Rundbogenform den Fensteröffnungen des Turms.

Die straßenwärtige, als einziges Gebäudeteil verputzte Repräsentationsfront des klassizistischen Wohnhauses unterstreicht seinen Herrenhauscharakter. Die durch Putzfugen und ein abschließendes Gurtgesims im Untergeschoß sowie ein Konsolgesims unter der Dachtraufe betonte Horizontalgliederung der Fassade wird aufgefangen durch die schlichten, die Gebäudeachsen akzentuierenden Fensterverdachungen im Obergeschoß und den nur leicht hervortretenden Mittelrisalit. Im Dreiecksgiebel über diesem Fassadenmittelteil befinden sich drei dem Giebelfeld entsprechend gestufte Rundbogenfenster, die als einzige die ursprünglich alle Fenster gliedernde Sprosseneinteilung weitgehend bewahrt haben.

Türnich

Türnich, Schloß von Süden gesehen, doppelter Wassergrabenring und angelagerter Wirtschaftshof

Die Herrschaft Türnich blickt auf eine nahezu tausendjährige Geschichte zurück. Zusammen mit dem Dorf Balkhausen gehörte Türnich in fränkischer Zeit zu dem Gebiet, das König Zwentibold im Jahre 898 dem hochadligen Kanonissenstift in Essen schenkte. Die Vogtei, d. h. Verwaltung und hohe Gerichtsbarkeit, mußte in weltlichen Händen liegen, denn ein geistliches Stift war zu deren Ausübung nicht befugt. Die Türnicher Vogteirechte nahmen daher für das Essener Damenstift zunächst die niederlothringischen Pfalzgrafen wahr. Als ihr Gefolgsmann wird 1208 ein Ritter Winandus de Tornich genannt. Ab 1234 waren die Grafen von Jülich Träger der ihnen vom Pfalzgrafen Otto bei Rhein verliehenen erblichen Vogteirechte in „Dornich".

Wie das damalige Haus Türnich aussah, wann es begründet wurde und wo es lag, kann bislang nur vermutet werden. Möglicherweise war es eine von einem der Jülicher Untervögte errichtete Motte, deren Standort in dem Rundhügel an der nördlichen Zufahrt zum heutigen Schloßpark zu suchen ist.

Im 14. Jahrhundert betrachteten die inzwischen zu Herzögen avancierten Jülicher das pfalzgräfliche Lehen als ihr Eigentum und begründeten so die „Herrlichkeit Türnich". Sie war eine Unterherrschaft im Jülicher Amt Bergheim, die erst am Ende des 18. Jahrhunderts durch die Franzosen aufgelöst wurde.

Burgherren dieser Herrlichkeit waren in der Gefolgschaft der Jülicher eine Reihe rheinischer Adelsgeschlechter. Seit Beginn des 14. Jahrhunderts waren die Ritter von Bachem Untervögte in Türnich, um 1400 folgten die von Hemberg. Der mit Pia von Hemberg verheiratete Wilhelm Quadt wurde 1458 mit der Herrlichkeit belehnt, 1476 der mit ihm verwandte Degenhard von Haes. Nach dem Tode Arnolds von Haes 1591 entstand ein Streit um den Besitz zwischen denen von Palant und denen von Geldern, der durch Vergleich 1638/1643 beigelegt wurde. Christoph von Rolshausen, verheiratet mit Katharina von Palant, behielt das bereits 1591 von ihm in Besitz

Türnich, Apsis der Schloßkapelle

genommene Anwesen. Alleinbesitzer wurden die von Rolshausen aber erst 1707 durch den Kauf des Anteils derer von Geldern. Im Jahre 1850 veräußerten sie das Schloß an die Grafen von und zu Hoensbroech, die heute noch Eigentümer sind. Eine Ansicht von 1681 zeigt die Vorgängerbauten der heutigen Anlage. Ob sie den damaligen Zustand authentisch wiedergibt, muß freilich bezweifelt werden.

Der Grundriß der Gesamtanlage weicht insofern von dem einer typischen rheinischen Wasserburg ab, als das Herrenhaus dem hufeisenförmigen Wirtschaftshof nicht axial zugeordnet ist, sondern in der Verlängerung des ehemaligen Renteiflügels völlig frei steht. Ein doppelter ovaler Wasserring umschließt die Gesamtanlage. Der einst den Vorgängerbau des heutigen Herrenhauses vom Wirtschaftshof trennende weitere Graben ist im 18. Jahrhundert als hinderlich wieder zugeschüttet worden.

Das spätbarocke Herrenhaus von Türnich, das zu den bemerkenswertesten seiner Art im Rheinland zu zählen ist, ließ Freiherr Carl Ludwig von Rolshausen in den Jahren 1757–1766 erbauen. Den repräsentativen Bedürfnissen und dem Zeitgeschmack entsprechend folgt Schloß Türnich in Grundriß und Aufbau dem Typus der Maison de plaisance, als dessen frühestes Beispiel im Rheinland François Cuvilliés das Jagdschloß Falkenlust für den Kurfürsten Clemens August entworfen hatte. Die häufige geäußerte Vermutung, daß Michael Leveilly, der in Brühl und Falkenlust Bauleiter war, den Entwurf für Türnich lieferte, erscheint deshalb nicht abwegig. An der Ausführung kann er indes kaum Anteil gehabt haben, da er schon 1762, als wegen kriegsbedingter Verzögerungen erst der Rohbau erstellt war, in Bonn starb. In den erhaltenen Baurechnungen wird lediglich ein Baumeister Kaes erwähnt, der zwar als örtlicher Bauführer, aber schwerlich planerisch tätig war. Eine neuere Arbeit hält aufgrund stilkritischer Vergleiche den kurkölnischen Architekten Johann Georg Leydel für den Schöpfer der prachtvollen Maison de plaisance.

Schloß Türnich ist trotz des zeitlichen, räumlichen und stilistischen Zusammenhangs keinesfalls als schlichte Kopie von Falkenlust zu werten, sondern zeigt eine der veränderten Zweckbestimmung entsprechende Weiterentwicklung des Bautyps. Auch in Türnich betonen die polygonalen Mittelrisalite die Symmetrie des Baukörpers. Sie sind darüber hinaus aber durch ein drittes Stockwerk erhöht und

Türnich,
Eingang zur Lindenallee,
auf der Seitenpforte Löwenfigur mit dem
Wappen der Grafen von und zu Hoensbroech

bilden so ein wie die Seitenflügel von geschieferten Mansarddächern gedecktes Querhaus, das die Breitenwirkung der Fassade optisch aufhebt.

Das sockelartige, in rotem Sandstein gequaderte Wirtschaftsgeschoß, dem die Freitreppe zum Hauptportal vorgelegt ist, fördert die Stattlichkeit des Gebäudes. Der Konzeption der Maison de plaisance entsprechend birgt der Mittelrisalit zur Hauptfront das Entrée und zur Rückseite den polygonalen Gartensalon.

Nachdem Karl Reichsgraf von und zu Hoensbroech im Jahre 1850 das Rittergut gekauft hatte, ließ sein Sohn Franz Eugen Schloß Türnich der Auffassung der damaligen Zeit gemäß im Stil des sogenannten zweiten Rokoko ausstatten. Die Innenwände erhielten geschnitzte Täfelungen, wobei zum Teil ältere Boiserien wiederverwendet wurden, und die Decken entsprechende Stukkaturen. Den ganzen Reichtum der Interieurs in den einzelnen Salons, Kabinetten und Zimmern mit ihren Stuckornamenten, Supraporten, Kaminen, Täfelungen, Gemälden, Lüstern, Möbeln, Gobelins, Porzellansammlungen und Kleinkunstwerken an dieser Stelle erschöpfend zu beschreiben, würde den gegebenen Rahmen sprengen.

Anstelle einer schlichten Backsteinkapelle am ehemaligen, ebenfalls abgebrochenen Vorburgtor ließ Franz Eugen von Hoensbroech in den neunziger Jahren des vorigen Jahrhunderts die heutige, dem Herrenhaus an der Nordostecke seitlich vorgelagerte einschiffige Kapelle mit runder Apsis errichten, die dem Herrenhaus durch barockisierende Dach- und Giebelformen angepaßt war. Nach Schäden des letzten Krieges wurde das Dach der Kapelle stark verändert und der Helm des an der Außenseite aus dem Wasser des Teichs aufragenden Turmes ganz abgetragen.

Das Innere der wegen des sparsamen Lichteinfalls etwas schwermütig wirkenden Kapelle wurde, dem wilhelminischen Zeitgeschmack entsprechend, im byzantinisch-romanisch nachempfundenen Stil gestaltet. Fußboden und Wandsockel bieten in Zusammenstellung verschiedenster Marmorsorten ein umfassendes al-

Blick von der Kapelle auf den Torbau.

legorisches Bildprogramm, das auch die überreichen Ausmalungen der Wandflächen im Spätnazarener Stil von Franz Guillery umfaßt. Zwei Skulpturen am Fuß der Triumphbogenpfeiler stammen sehr wahrscheinlich von Wilhelm Albermann. Bemerkenswert sind auch der aufwendige Marmoraltar mit Onyx- und Porphyrsäulen, Alabasterfiguren, Mosaiken und Bronzedarstellungen und die Fensterverglasungen aus bekannten Werkstätten.

Der Regierungsbaumeister Krings aus Köln, der die Kapelle errichtete, erbaute im Jahre 1895 auch anstelle des alten das heutige neobarocke Torhaus, das sich an den Ostflügel des Wirtschaftshofes anschließt und stilistisch an die Außengestaltung der Kapelle angepaßt ist. Das zweigeschossige Torhaus auf quadratischem Grundriß mit einem seitlichen polygonalen Anbau trägt ein geschweiftes Dach mit Laterne. Über der Eingangsfront, zu der über den äußeren Wassergraben eine Brücke mit klassizistischem Geländer leitet, halten zwei Löwen das mächtige Wappen der Reichsgrafen von und zu Hoensbroech.

Die Zukunft von Schloß Türnich und seiner unmittelbaren Umgebung bleibt wohl vorerst ungewiß. Der dendrologisch sehr interessante und erhaltenswerte Park, der den angemessenen Rahmen für die prächtige Schloßanlage bildet, ist durch den wegen des Braunkohlentagebaus um 30 m abgesenkten Grundwasserspiegel in seinem Bestand gefährdet. Viele der ehrwürdigen, im ursprünglichen Aueboden verwurzelten Baumveteranen gingen nach und nach ein und ersetzten sich im Laufe der Zeit durch minderwertige Gehölze. Seit einigen Jahren wird der Schloßpark anhand eines wiederaufgefundenen historischen Plans restauriert und erhält damit seinen ursprünglichen Charakter als Landschaftspark zurück, der durch die ausgeklügelte Komposition von Freiräumen, Blickachsen, Ein- und Durchblicken die verschiedenartigsten Raumimpressionen weckt. Durch die Umwandlung der Freiflächen in blühende Wildwiesen soll im Zusammenspiel · mit den Bäumen und Sträuchern neben künstlerischen auch ökologischen Aspekten Rechnung getragen werden.

Jahrelang war umstritten, ob nicht die statischen Schäden am Schloßgebäude vielleicht auf eine Verwerfungszone zurückzuführen seien. Nach den inzwischen gewonnenen Erkenntnissen hat sich jedoch die schluffige Schicht, auf der das Schloß gegründet ist, durch die Grundwasserabsenkung und die damit verbundene Austrocknung wegen ihrer unterschiedlichen Mächtigkeit ungleichmäßig stark gesetzt. Zu hoffen bleibt, daß sich Mittel und Wege finden werden, das bedeutende Wasserschloß der Nachwelt zu erhalten.

Türnich,
Lithographie von Ferdinand Müller,
Mitte des 19. Jh., Vorderansicht,
links im Schmuckrahmen die ehemalige Kapelle

Türnich,
Rückfront der Maison de plaisance,
von Südwesten gesehen

Gymnich

Gymnich,
Zugang zum Schloß,
auf den Pfeilern im Vordergrund Wappen von Gymnich und Loe,
neobarocker Eingang von 1907

Gymnich, Westansicht des Herrenhauses, Zeichnung von G. Erkens, 1899

Gymnich, etwa 15 Kilometer südwestlich von Köln in der fruchtbaren und burgenreichen Erftniederung gelegen, ist gleichermaßen bekannt wegen seiner alljährlichen Reiterprozession, dem „Gymnicher Ritt", wie durch sein Schloß, das der Bundesrepublik Deutschland bei Besuchen ausländischer Staatsoberhäupter und Regierungschefs als Gästehaus dient. Es bildet damit den historischen Rahmen für ein Stück moderner Zeitgeschichte.

Gymnichs Geschichte reicht weit in die Vergangenheit zurück. Bodenfunde lassen vermuten, daß das Dorfgebiet bereits in vorrömischer Zeit besiedelt war. Der Ursprung des Ortsnamens wird zumeist auf „Geminiacum" als einen Gutshof des Kelten Gemin(i)us zurückgeführt, eine andere Quelle vermutet einen Wachposten der römischen „Zwillingslegion" Gemina.

Im Jahre 1041 wird „Gimmenich" erstmals urkundlich erwähnt; ein nach dem Ort benanntes Geschlecht erscheint in der Mitte des 12. Jahrhunderts als Lehensträger der Abtei Siegburg. Ein Dokument aus dem Jahre 1219, das Graf Wilhelm von Jülich im Kreuzzugslager von Damiette ausstellte, nennt als Zeuge einen Ritter Arnold von Gymnich.

Dieser Ritter Arnold findet sich 1222 im Gefolge Kaiser Friedrichs II. in Apulien und Kalabrien. Auf ihn geht der Legende nach die Tradition des Gymnicher Ritts zurück. Als er im Gefolge des Grafen von Jülich am fünften Kreuzzug teilnahm, sollte Kairo im Sturm genommen werden — ein taktisch unkluges Unternehmen, wie sich bald erwies. Die Kreuzritter drangen in das Nildelta ein, worauf die Ägypter die Schleusen öffneten und damit eine Überschwemmung verursachten. Die vom Nachschub abgeschnittenen Kreuzfahrer erlitten eine schwere Niederlage, die nur wenige von ihnen überlebten. Arnold von Gymnich, der der Überlieferung nach mit seinem Pferd in einen Sumpf geraten war, soll für den Fall einer glücklichen Rettung eine immerwährende Reiterprozession in seiner Heimat gelobt haben. Wegen eines plötzlich auffliegenden Wasserhuhns schreckte angeblich sein Pferd, und er gewann wieder festen Grund. Ob dieses Ereignis wirklich stattfand, mag dahingestellt bleiben. Möglicherweise handelt es sich lediglich um eine volkstümliche Ausschmückung des alten heidnischen Brauchs eines Flurritts zur Bannung der Ungeheuer und Geister, die im Bewußtsein der damaligen Bevölkerung die nächtlich-neblige Erftniederung bevölkerten. Darüberhinaus steht der Gymnicher Ritt wohl auch in der Tradition einer Wetterprozession.

Die Burg war damals schon eine zweiteilige wasserumwehrte Anlage, die eine ähnliche Grundstruktur wie etwa Konradsheim aufwies und damit der Normalform rheinischer Wasserburgen entsprach. Schloß Gymnich gehörte überdies im Mittelalter zu den Wasserburgen, die in den Auseinandersetzungen zwischen den Kölner Kurfürsten und den Grafen und späteren Herzögen von Jülich wegen ihrer Lage im umstrittenen Grenzgebiet beider Territorien eine besondere strategische Bedeutung hatten. Die Gefolgsverhältnisse der Gymnicher Herren in dieser Zeit waren recht wechselhaft.

Im Jahre 1327 war ein Heinrich von Gymnich Burgmann des Kölner Erzbischofs in Lechenich und Altenahr. Sein Nachfolger gleichen Namens muß wohl seinem erzbischöflichen Landesherrn bei dessen häufigen Fehden gegen die Jülicher nicht die von ihm erwartete Gefolgschaftstreue bewiesen haben, denn 1390 wurde die Burg von dem Kölner Erzbischof Friedrich von Saarwerden eingenommen und zerstört. Die heutigen Grundmauern enthalten noch Überreste dieser frühen Burganlage, so die gotischen Dreipaßbögen im Sockelfundament des Kapelleneckturms. Im Jahre 1454 finden wir einen Johann von Gymnich als nunmehr „lieben Rat und Getreuen" des Erzbischofs Dietrich von Moers, der 1456 gegen die Türken nach Belgrad zog. (Auch diesem Gymnicher Ritter wird einigen Quellen zufolge das Erlebnis im Sumpf und die Begründung des Gymnicher Ritts zugeschrieben.) Im Jahre

Gymnich, Marmorsaal mit Bildnis der Kaiserin Maria Theresia

1575 wiederum erscheint ein Werner von Gymnich als Jülicher Marschall im Gefolge des Jungherzogs Karl Friedrich in Rom. In der dortigen Kirche Santa Maria del'Anima zeigt ein Alabasterrelief sein Bildnis. Sein Sohn Adolf wird 1614 als kurkölnischer Rat, Amtmann zu Brauweiler und Lechenich erwähnt.

Im Dreißigjährigen Krieg wurde 1642 die mittlerweile neu errichtete Burg von den Franzosen unter Marschall Guébriant bis auf den südlichen Teil des 1547 entstandenen Westflügels erneut niedergebrannt. Von dem darauffolgenden Wiederaufbau in den Jahren 1655—1659 ist heute noch der Westflügel mit dem Kapelleneckturm erhalten. Die Einrichtung der Kapelle, deren Altarnische der runde Turm aufnimmt, stand am Ende der damaligen Bauarbeiten. Eine Inschrift auf dem Altar lautet: ANNO 1659 DEN 18. FEBRUARII HAB ICH, SOPHIE MARGARETHA WITTIB FREYFRAW VON UND ZU GIMNICH, GEBOHRNE FF. WOLFF GENANDT METTERNICH ZUR GRACHT, DIESES CAPELEEN REKONCILIIREN UND DARINNEN WIEDERUMB MEES LESEN LASSEN. Im 18. Jahrhundert wurde die Burg, die in ihrem Äußeren ihren wehrhaften Charakter mit Türmen, Weihern, und Brücke beibehielt, im Innern schloßähnlich ausgebaut und 1722 im Winkel zu dem älteren Bauteil der Nordflügel angefügt.

Die Ritter von Gymnich hatten ihre Vogteirechte im Ort mit der Zeit zu einer Unterherrschaft innerhalb des kurkölnischen Amtes Lechenich ausgebaut, die auch das halbe Dorf umfaßte. Mit dem Tode des Clemens August Ferdinand von und zu Gymnich, der neben reichem persönlichen Besitztum höchste militärische und Verwaltungsämter innehatte, starb 1806 die ältere Stammlinie des Geschlechts trotz ihrer weiten verwandschaftlichen Verzweigung im Mannesstamm aus. Der Besitz gelangte 1825 mit der letzten Namensträgerin, Johanna Freiin von Gymnich, durch Schenkung an Max Felix Graf Wolff Metternich zur Gracht. Ihre Enkelin, verheiratet mit dem österreichisch-ungarischen Rittmeister Franz Vicomte de Maistre, setzte ihren Enkel, den heutigen

Gymnich,
vom Schloß in den Park führende Brückenkonstruktion
in historisierendem Rückgriff als Zugbrücke ausgebildet

Besitzer Jörg Freiherr Holzschuher von Harrlach, zum Alleinerben ein. Einer seiner Vorfahren war der Nürnberger Patrizier Hieronymus Holzschuher, den Albrecht Dürer portraitierte.

So bedeutend auch die Herren von Gymnich für die Geschichte der Region und weit darüber hinaus waren, so wenig beherrscht das Schloß die Landschaft. Das gilt eher für den stattlichen, von einer mächtigen Zwiebelhaube bekrönten Turm der Dorfkirche in unmittelbarer Nachbarschaft des Schloßparks. Das Motiv der Zwiebelhaube kehrt auf den Ecktürmen des Schlosses wieder. Es läßt vermuten, daß Otto Theodat von und zu Gymnich, der um die Mitte des 18. Jahrhunderts als Vizepräsident des kurfürstlichen Hofrats den Bau der Augustusburg in Brühl überwachte, seinem Herrn Clemens August mit diesem barocken Import aus der Heimat des Wittelsbachers eine Referenz erweisen wollte. Der Gymnicher Kirchturm wurde zusammen mit einem neuen Schiff 1759–1771 errichtet, nachdem man zuvor die alte Kirche wegen Baufälligkeit bis auf den gotischen Chor hatte abreißen müssen. Vom Patronat der Schloßherren zeugen außer dem bayerischen Turmhelm auch Glockenpatenschaften der Herren von und zu Gymnich und das Wappen der Grafen Wolff Metternich in den Chorfenstern der Pfarrkirche.

Unweit dieser Kirche zweigt eine Seitenstraße zur nahegelegenen, mehrfach gesicherten Zufahrt von Schloß Gymnich ab. Das gesamte Areal ist gegenwärtig aus Sicherheitsgründen hermetisch abgeschlossen und nicht zu besichtigen. Hinter den Stacheldrahtrollen umschließt ein schmaler äußerer Wassergraben das Anwesen. Ein weiterer Graben, dessen Verlauf kurz nach 1900 im Zuge der Parkumgestaltung und der Anlage eines Sees im Park verändert wurde, umzieht die zweiteilige Schloßanlage.

Die im Jahre 1700 errichtete Vorburg bestand ursprünglich aus zwei beiderseits der Zufahrt gelegenen gewinkelten Gebäuden. Der nördliche Seitenflügel dieses nahezu geschlossen hufeisenförmigen Wirtschaftshofs wurde gegen 1905 abgebrochen. Ein barockisierender Jugendstilgarten an seiner Stelle übernimmt die Funktion eines schmückenden Vorgartens im Sinne des englischen Parks, in dem geometrische Gartenanlagen zur unmittelbaren Schloßumgebung gehören, während ein weitläufiger Landschaftspark die Gesamtanlage umgibt. Der an die Zufahrt stoßende Trakt der nördlichen Vorburghälfte, in dem einst Stallungen untergebracht waren, dient heute nach gründlichen Umbauten als Wohnhaus. Die frühere Rentmeisterwohnung im südlichen Winkelbau hat im Innern noch die ehemalige Fachwerkkonstruktion bewahrt. Eine rundbogige Durchfahrt führt durch den südlichen Flügel der Vorburg in einen zweiten, seitlich angelagerten Hof mit niedrigeren Bauten. Im Winkel zwischen diesem Hof und dem Südflügel der Hauptburg liegt als weiterer schloßnaher Vorgarten der ehemalige Kräutergarten, dessen Außenecke ein Gartenhaus aus der Rokokozeit ziert.

Die Hauptburg auf eigener, rechteckiger Insel ist mit der Vorburg durch eine steinerne Brücke verbunden. Der zum Vorhof offene Winkelbau besteht aus dem behäbigen, älteren Westflügel, dessen hofseitige Giebelfront zur Brücke hin um eine Fensterachse erweitert wurde, und dem schmaleren nördlichen Trakt. Bis etwa 1905 stand auf der heute unbebauten Ecke der Insel ein Teehäuschen — wahrscheinlich auf den Fundamenten eines älteren Wehrturms. Seit 1907 erschließt ein neobarokker Vorbau im Winkel der beiden Flügel das nach außen relativ schmucklose Schloßgebäude.

Die prunkvoll gehaltenen Innenräume werden wesentlich durch ihre dekorative Wandgestaltung mit den zahlreichen Supraporten, den Malereien über den Türen aus dem 16.—19. Jahrhundert, geprägt. Im Hauptsaal, dem zum Park orientierten mittleren Teil des Nordflügels, ließ Theodat von Gymnich alle Schlösser seines Herrn Clemens August malen, eine heute einmalige Dokumentation aus dem 18. Jahrhundert. Tafelbilder und in Stuckrahmen der Wandflächen eingepaßte Portraits in den verschiedenen Räumen zeigen die Kurfürsten Clemens August und Maximilian Friedrich, die Kaiserin Maria Theresia sowie Persönlichkeiten aus der Familie der Herren zu Gymnich. Besonders bemerkenswert ist auch die Stukkatur in den beiden kleineren Räumen neben dem Hauptsaal. Die Ausgestaltung des Marmorkabinetts und der kleinen Schloßkapelle sind wahrscheinlich auf den berühmten Brühler Stukkateur Guiseppe Artario zurückzuführen. Eine Neuentdeckung im Zuge der Renovierung 1969-73 ist die farbliche Fassung des bis dahin fälschlicherweise als „Weißer Saal" bezeichneten Hauptsaals. Zum Vorschein kam eine blauweiße Farbgebung, die wiederum Clemens August im Hinblick auf seine bayerische Herkunft huldigen sollte. Von diesem Saal leitet eine hölzerne Zugbrücke zu einer steinernen Brücke mit Freitreppe, die in den Park führt. Die Brücke, die an dieser Stelle bei der früheren Wehranlage nicht vorstellbar gewesen wäre, ist dennoch in ihrer Gestaltung ein historisierender Rückgriff auf eine Wehranlagenbrücke. Von diesem Standort schweift der Blick an einem mächtigen Platanenpaar und zwei symmetrisch postierten Statuen vorbei in die Tiefe des sich axial öffnenden Parks, den im Hintergrund hohe Pappeln entlang des äußeren Grabens begrenzen.

Gymnichs Bedeutung liegt nicht nur in der kunstvollen Innenausgestaltung, sondern in gleicher Weise in diesem noch völlig erhaltenen großen Park mit seinen vielen dendrologischen Besonderheiten. Der Park erfuhr um die Jahrhundertwende noch eine wesentliche Umgestaltung und in allerjüngster Zeit eine Erweiterung. Zu dem geschlossen vorhandenen Ensemble von mehrteiliger Burganlage mit dem dreifachen Grabensystem und dem Park am Rande der klein gebliebenen Ortschaft gehört eine etwa zwei Kilometer erftabwärts gelegene Mühle. Leider beeinträchtigt die nahe Autobahntrasse das aus historischer Zeit überkommene Nebeneinander von Dorf, Schloß und Mühle.

Gymnich,
Lithographie von Ferdinand Müller,
Mitte des 19. Jh.; die Ansicht von Osten wie auch die Rahmenfüllungen
heben die landschaftliche Einbettung des Schlosses hervor.

Gymnich,
von Südwesten gesehen, mehrteilige,
zum repräsentativen Schloß
umgebaute Wasserburganlage

Lechenich

Lechenich, ehemalige Landesburg von Südosten gesehen, mächtige Hauptburg mit Wohnturm und drei weiteren Ecktürmen

Der Besucher, der den Hof der Vorburg in Lechenich betritt und zu den hohen ziegelgemauerten Türmen der Hauptburg emporschaut, empfindet als ersten Eindruck die Andersartigkeit dieser Anlage im Vergleich zu den sonstigen Herrensitzen der Erftniederung, so wuchtig dokumentiert die Ruine noch heute ihren einstigen Verteidigungscharakter und den Machtwillen ihrer Erbauer.

Die Bezeichnungen für das mächtige Bauwerk sind denn auch unter den Geschichtsforschern nicht einheitlich. Schloß, Burg und Feste sind gleichermaßen in Gebrauch. Lechenich nimmt in der Tat eine Sonderstellung ein, denn die Anlage war als grenznahe Landesburg der Kölner Erzbischöfe und Kurfürsten Festung und Residenz zugleich. Im Gegensatz zu den meisten anderen mittelalterlichen Burgen der Region war sie nicht überkommener und den jeweiligen Bedürfnissen angepaßter Sitz einer adligen Familie, sondern einschließlich der Stadtbefestigung das Ergebnis einer an strategischen Gesichtspunkten orientierten Planung des 14. Jahrhunderts.

Es mag dahingestellt bleiben, ob der Ort Lechenich seine Entstehung einer römischen Herberge und Versorgungsstation verdankt oder dem festen und relativ umfangreichen römischen Heerlager, dessen Spuren im Osten der Stadt erst in jüngerer Vergangenheit aus der Luft entdeckt wurden. Jedenfalls steht die Entstehung des Orts und mehr noch seine spätere Entwicklung im Zusammenhang mit den sich hier in der weiten Rotbachniederung unweit der Erft kreuzenden Verkehrswegen. Lechenich liegt an der alten Landstraße von Bonn über Düren nach Aachen, die hier die noch ältere schnurgerade römische Heerstraße von Trier über Zülpich nach Köln schneidet.

Die frühmittelalterliche Geschichte des Orts liegt weitgehend im Dunkeln. In dieser Zeit war er wohl relativ unbedeutend. Für das 12. Jahrhundert ist ein dem Kölner Erzbischof gehörendes Hofgut nachweisbar, das zu Anfang des 13. Jahrhunderts zur Burg ausgebaut wurde. Ihr bedeutender Umfang ist heute noch im Gelände westlich von Lechenich ablesbar.

Seit der Mitte des 13. Jahrhunderts gewann Lechenich erheblich an strategischer Bedeutung in den Auseinandersetzungen zwischen dem Kölner Erzstift und den Herren von Jülich um die Vormachtstellung im Erftraum.

Vor den Toren Lechenichs fand 1242 eine Schlacht zwischen Wilhelm von Jülich und dem in ständige Fehden mit seinen Nachbarn verwickelten Erzbischof Konrad von Hochstaden statt, der geschlagen und für ein Jahr auf Nideggen gefangengehalten wurde. Nach der Niederlage des Erzbischofs Siegfried von Westerburg auf der Worringer Heide 1288 eroberte Walram von Jülich die vorgeschobene kurkölnische Festung Zülpich und machte sie in Umkehrung der vorherigen Verhältnisse zu einer Jülicher Grenzfestung gegen das Erzbistum.

Im Jahre 1309 wurde auch die Lechenicher Burg durch die Jülicher zerstört, die sich in den Streitigkeiten zwischen der Stadt Köln und dem Erzbischof mit den Kölner Bürgern verbündet hatten. In der Folgezeit begann der

Lechenich,
Gouache von F. A. Reuter, um 1795,
im Vordergrund Palas über Gesamtbreite der Hochburg

Lechenich,
Zugang zur Hauptburg,
im Vordergrund links Wohnturm aus dem frühen 14. Jh.,
im Hintergrund hofwärtige Front des Palas und nordöstlicher Wehrturm

Erzbischof Heinrich von Virneburg mit dem Bau einer neuen Feste, die er aber entgegengesetzt der Jülicher Stoßrichtung im Nordosten der Stadt errichtete. Auf quadratischem Grundriß ebenfalls befestigt übernahm der Ort die Funktion einer zweiten großen Vorburg.

Der Bau der Burg wurde mit dem fünfgeschossigen Wohnturm begonnen, der wegen seiner Massigkeit zuweilen auch als Bergfried bezeichnet wird. Die Burg war wohl der erste Großbau des Mittelalters, der aus Feldbrandziegeln errichtet wurde, in einer Technik, die nach der Römerzeit in Vergessenheit geraten und durch die Staufer aus Italien „reimportiert" worden war. Für Gliederungen und Umrahmungen diente Trachyt vom Drachenfels. Obgleich der Erzbischof Heinrich von Virneburg wegen des Verlusts von Zülpich an die Jülicher den Lechenicher Bau vorantrieb, konnten erst seine Nachfolger Walram von Jülich und Wilhelm von Gennep die Landesburg vollenden. Über das Bauunternehmen des Bischofs Heinrich berichtet die Koelhoffsche Chronik: „Lechenich dat slos began he zo machen, ... int eirste lachte he ein starken nuwen torne ind woulde ein slos daebi machen, dat doch bi sinen ziden niet volgemacht enwart, mer sin naekomelinge ... dede dat uisbuwen". Wilhelm von Gennep benutzte beim Ausbau der Vor- und Hauptburg nach den Judenverfolgungen um 1350 sogar die Grabsteine des aufgelassenen Kölner Judenfriedhofs, die man noch heute im Gemäuer als Hausteine erkennen kann.

Dem Besucher bietet die Anlage trotz des Ruinencharakters noch gegenwärtig ein recht anschauliches Bild des früheren Zustands. Das Tor der von einem heute trockenen Graben umgebenen Vorburg war ursprünglich ein Doppeltor, von dem das Innentor mit spitzbogigem Portal erhalten ist. Entlang der früheren Wehrmauer finden wir Bauten des 17. und 18. Jahrhunderts und in der Südwestecke des Vorburgberings einen viergeschossigen Mauerturm.

Anstelle der früheren Zugbrücke führt eine feste Brücke über den Wassergraben zum ebenfalls spitzbogigen Portal der Hauptburg auf leicht trapezförmigem Grundriß. Die Giebelumrisse an der Südseite des Wohnturms lassen erkennen, daß sich über diesem Durchgang einst ein großer zweistöckiger Westflügel erhob, der als Teil der um einen Innenhof gruppierten Hochburg an den älteren Wohnturm angegliedert wurde. Der Hof, in dem sich ein inzwischen restauriertes malerisches Brunnenhäuschen befindet, ist außer vom Wohnturm von drei hohen schlanken Ecktürmen gefaßt. Die beiden südlichen Türme haben einen viereckigen Grundriß, während der nordöstliche nach außen rund und innen abgeschrägt ist. Ihre Zinnenbekrönungen stützt ein Spitzbogenfries, das auch am Obergeschoß des Palas wiederkehrt. Wenn man sich vorstellt, daß die Wehrmauern früher wesentlich höher waren als heute, wird der Charakter des staufischen Kastells deutlich, der die Anlage prägt. Die gesamte Ostseite der Burg nimmt der Palasbau ein, dessen Ausmaße denen recht geben, die die Residenzfunktion der Burg hervorheben. Er verfügte über zwei riesige Säle, von deren einst reicher Innenausstattung nur noch geringe Spuren wie die Reste von Freskomalereien künden. Vor dem oberen Saal befand sich an der hofwärtigen Seite des Palas eine durchlaufende Holzgalerie, deren Trag- und Stützbalken in den dort noch sichtbaren Mauerlöchern ruhten. Palas und Wohnturm waren einst durch einen hohen Trakt miteinander verbunden, von dem noch Reste der nördlichen Außenmauer erhalten sind. Er barg einen tonnengewölbten Durchgang zu einem Vorwerk auf der stadtabgewandten Seite der Burg, von dem nur noch spärliche Reste vorhanden sind. Das in den breiten Graben hinausgreifende Vorwerk schloß mit einem Torturm ab, den eine Brücke mit dem freien Umland verband.

Außer als Verwaltungssitz diente die Burg den Kurfürsten wohl auch zur Bewirtung hoher Gäste und als Ausgangspunkt für Jagdausflüge in die nahegelegene Ville, ebenso aber auch als Gefängnis für Kölner Patrizier während der Auseinandersetzung mit der Kölner Bürgerschaft.

Lechenich behielt seine Bedeutung als kurkölnische Grenzfeste auch, nachdem 1379 das vorgelagerte Zülpich, das lange Jahre in Jülicher Hand gewesen war, wieder kölnisch wurde. Die Burg war wiederholt Belagerungen ausgesetzt und hielt sich, obwohl eigentlich wehrtechnisch überholt, 1642 gegen einen Angriff hessischer, weimarischer und französischer Truppen unter Guébriant, die die Stadt bereits genommen hatten, solange, bis diese sich vor heranrückenden Entsatztruppen zurückziehen mußten. Ein Stich von Merian aus dem Jahre 1646 läßt noch teilweise Zerstörungen in der Stadt erkennen. Im Jahre 1689 aber steckten die Franzosen vor ihrem Rückzug vor den herannahenden Brandenburgern Stadt und Schloß in Brand. Die damals von den Flammen verschonte Vorburg wurde während des spanischen Erbfolgekrieges 1703 zerstört. Erst in der Barockzeit wurde ein Teil der Vorburg wieder aufgebaut. Das Schloß verfiel weiter und wurde von französischen Revolutionstruppen als Eigentum des geistlichen Kurfürstentums säkularisiert. Im Jahre 1804 wurde die ehemalige Landesburg vom letzten kurfürstlichen Oberkellner Caroli Borlatti ersteigert, der sich eine gewisse Berühmtheit durch allerlei makabre Scherze erwarb. Nach ihm folgte eine Reihe weiterer Besitzer, unter ihnen der Berliner Baron von Bleichröder. Gegenwärtig gehört die Burg dem Freiherrn von Elmendorff.

Die Lechenicher Landesburg blieb bis heute Ruine, wenn auch manches mit Unterstützung des Landeskonservators zur Sicherung und teilweisen Restaurierung unternommen wurde, und das allein verschlingt bekanntlich schon immense Mittel.

Konradsheim

Konradsheim,
straßenwärtige Westfront
der Hauptburg
mit wiedererrichtetem Eckturm

Konradsheim, Ostansicht, Zeichnung von L. Arntz, 1893

Etwa ein Kilometer nördlich der Lechenicher Landesburg und somit im Rücken dieser kurkölnischen Festung liegt die Burg Konradsheim, die als eines der Kleinodien der rheinischen Burgenbaukunst gilt. Seit der Mitte des 19. Jahrhunderts ist sie gleichermaßen Gegenstand romantischer Burgenbegeisterung wie wissenschaftlicher Veröffentlichungen.

Noch heute beeindruckt der geschlossene wehrhafte Charakter der Anlage. Sicher ist es dieser Eindruck des „Sich in die eigenen Mauern Zurückziehens", der seit je die Burgenromantik belebt hat. Wer Konradsheim nur von den meist allzu idyllisch wirkenden Abbildungen des 19. Jahrhunderts kennt, ist überrascht von der konzentrierten Wuchtigkeit des hochaufstrebenden mittelalterlichen Gebäudes, das sich unmittelbar neben der Landstraße erhebt. Einzig der oft abgebildete straßenwärtige Erker im spätgotischen Stil und die Stufengiebel mildern den strengen Gesamteindruck.

Auf der Suche nach einem Zugang zu der wasserumwehrten Hauptburg führt der Weg durch einen mit dem Allianzwappen der Familien Haes und Schall von Bell vom Ende des 15. Jahrhunderts geschmückten Torbogen auf das der Burg Konradsheim seitlich angelagerte gepflegte Gehöft. Eine Steintafel weist das Entstehungsdatum des von der Straße ebenfalls durch einen Wassergraben abgetrennten, relativ schlichten aber ansprechenden Gutshauses mit der Jahreszahl 1886 aus.

Vom Hof aus gelangt man durch ein weiteres Tor zur eigentlichen früheren Vorburg, von der lediglich ein seitlicher Flügel, ein hohes, schmales Backsteingebäude mit Stufengiebel erhalten ist, das heute als Pferdestall dient. Von der zur Hochburg offenen Seite dieser einst hufeisenförmigen und ebenfalls von Wasser umgebenen Vorburg führt eine ansteigende Steinbrücke auf schmalen Rundbögen zum Portal der Hauptburg. Anstelle der früheren Zugbrücke überwindet eine Eisen- und Bohlenkonstruktion den letzten Teil des Grabens. Die gegenüber dem Geländeniveau deutlich erhöhte Lage der Burg geht wohl in ihrem Ursprung auf eine sehr frühe Vorgängeranlage zurück. Schon in frühmittelalterlicher Zeit wird auf diesem künstlich aufgeschütteten Erdhügel eine schlichte, von Wassergräben umwehrte Turmhügelburg, eine Motte, gelegen haben.

In der Mitte des 13. Jahrhunderts werden die Ritter von „Cunresheim" urkundlich erwähnt, von denen man annimmt, daß sie damals den Besitz zum Lehen erhielten. Von einer festen Burganlage aber, die in etwa dem Gebäudekomplex der heutigen Hauptburg entsprochen haben muß, erfahren wir erst aus einer Urkunde von 1337. In diesem Jahr wurde dem Erzbischof von Köln, Walram von Jülich, von seinem „Küchenmeister", Arnold von

Konradsheim, von Westen gesehen,
weitgehend wiederhergestellte Hauptburg,
rechts oben erhaltener Seitenflügel
der einstigen Vorburg

Buschfeld, das Offenhausrecht auf seiner aus eigenen Mitteln wenige Jahre zuvor erbauten Burg Konradsheim für 400 Florentiner Gulden eingeräumt. Das war ein stattlicher Preis für das Recht, das Anwesen im Kriegsfalle zu Verteidigungszwecken zu besetzen. Der Grund für seine Höhe ist wohl darin zu suchen, daß zu dieser Zeit der Bau der Festung Lechenich noch nicht abgeschlossen war und Konradsheim im kurkölnischen Burgengürtel gegen die Jülicher von erheblicher Bedeutung war.

Der Nachfolger Walrams, Wilhelm von Gennep, schloß nach einer vorübergehenden Besetzung durch kurkölnische Truppen im Jahre 1354, also nur knapp zwei Jahrzehnte später, mit dem Besitzer Konradsheims, Gerhard, genannt „Beyssel von dem Wyere“, einen Vergleich. Gerhard erhielt den Besitz zum (Mann-) Lehen zurück unter der Bedingung, „dye turne von dem selven huyss gelich der nedersten vinsterbanck“ abzureißen, dem Erzbischof die Kriegskosten zu erstatten und die Vorräte zu überlassen. Offenbar war nach der Fertigstellung der Lechenicher Landesburg der Flankenschutz durch Konradsheim überflüssig geworden und die Position der Burg wurde als Bedrohung empfunden, denn als Offenhaus konnte sie leicht auch dem Gegner zufallen. Ob alle Gebäude daraufhin „bis zur niedersten Fensterbank“ abgetragen wurden, bleibt ungewiß. Sicher ist, daß zumindest die wehrhaften Teile wie Türme und Wehrmauern niedergelegt wurden. Möglicherweise blieb ein Teil der Hauptburg zu Wohnzwecken bestehen.

Nahezu zwei Jahrhunderte später, als die kurkölnisch-jülichschen Auseinandersetzungen in dieser Region bereits Geschichte waren, konnte der damalige Besitzer Wilhelm Haes mit dem Wiederaufbau der Burg beginnen. Seine Eltern hatten Konradsheim, das in der Zwischenzeit eine Reihe von Besitzern gesehen hatte, durch ein Tauschgeschäft erworben. Wilhelm von Haes und seine Ehefrau Agnes von Bernsau behielten beim Neubau den Grundriß der früheren Anlage und damit auch weitgehend deren äußeres Erscheinungsbild

Konradsheim, spätgotischer Erker

bei. Diese Bauweise mit ihren Zinnen und Erkern hatte inzwischen durch die Entwicklung der Feuerwaffen ihre wehrtechnische Bedeutung verloren und schreckte allenfalls Landstreicher und Gesindel ab. Mit ihren „gotisierenden Renaissanceelementen“ diente sie jedoch nicht nur dekorativen Zwecken, sondern war zugleich Herrschaftszeichen und Feudalsymbol.

Seit 1617 finden wir Konradsheim im Besitz der Familie von Loe, danach wurde die Burg vernachlässigt und der Ablauf der Zeit tat das Seinige. Zeichnungen und Gemälde des 19. Jahrhunderts dokumentieren den fortschreitenden Verfall.

Nachdem 1939 die Provinzialverwaltung, aus der später der heutige Landschaftsverband hervorging, Eigentümer der Burg geworden war, begannen intensivere Bemühungen um deren Wiederherstellung. Aber erst nach dem Krieg konnte der eigentliche Neuaufbau begonnen werden, dessen Fortschritte in den 60er Jahren der damalige Landeskonservator Wesenberg von seiner (Dienst)wohnung aus verfolgen konnte, die im neu erbauten Torflügel der Burg untergebracht war. Nicht alles ist heute im Originalzustand wiederhergestellt, aber im wesentlichen präsentiert sich Konradsheim gegenwärtig wieder so, wie es Wilhelm von Haes 1548 neuaufbaute.

Die Herrenhausinsel hat insgesamt einen nahezu quadratischen Grundriß, wie er bei vielen rheinischen Wasserburgen zu finden ist. Fast die Hälfte der Grundfläche nimmt das eigentliche Burghaus ein, an das im Winkel das Torgebäude angegliedert ist. Als sogenannte Winkel- oder Hakenanlage entspricht Konradsheim dem häufigsten spätmittelalterlichen Herrenhaustyp. Von den flankierenden runden Ecktürmen sind zwei gänzlich wiederhergestellt, und einer blieb bislang unbekrönt. Der vierte, einst die im Mittelalter wesentlich höhere Hofmauer abschließende Turm reicht als Stumpf nur noch bis zu deren heutiger Brüstungshöhe. An der Hofseite des Burghauses befindet sich in der Höhe des einst auf der Mauer verlaufenden Wehrgangs eine 1930 rekonstruierte Holzgalerie. Dem Aufstieg dient ein kleinerer Treppenturm im Winkel von Haupthaus und Torflügel.

Von der einstigen Innenausstattung der Burg ist nur noch wenig erhalten, so einige alte Kamine. Ein prächtiger Renaissance-Kamin, der von Konradsheim stammt, befindet sich heute in Schloß Adendorf.

Konradsheim ist seit 1976 wieder Privatbesitz. Nach der umfangreichen Renovierung der Innenräume wurde inzwischen auch eine Lösung des oft sehr schwierigen Problems einer den Charakter des historischen Gebäudes nicht beeinträchtigenden Nutzung gefunden. Eine auf Möbel spezialisierte Kölner Antiquitätenfirma hat Ende 1979 in der Burg ihre Verkaufsräume eröffnet, in denen sie auch Kunstauktionen durchführt. Im ehemaligen Rittersaal veranstaltet der Kulturkreis Erftstadt Ausstellungen und Konzerte.

Gracht

Gracht,
Schloßanlage des 17. Jh. von Norden gesehen,
zweiflügeliges Herrenhaus
mit Flankierungstürmen an der Südseite

Im Südwesten Kölns liegt in Liblar unweit der nach der Auskohlung entstandenen „Seenplatte" am Westhang der Ville in historischem Kontrast zur modernen Umformung einer ganzen Landschaft und von den badehungrigen Besuchern meist „links" liegengelassen, das Schloß Gracht.

Als älteste Besitzer erwähnt sind um 1433 Hermann von Buschfeld und seine Frau Johanna. Wie ihr Wohnsitz aussah, ist uns nicht überliefert. Die älteste diesbezügliche Nachricht aus dem Jahre 1514 erwähnt einen Wehrturm der Ritter von Buschfeld.

Die Enkelin des Hermann war Catharina von Buschfeld. Die Erbin von Gracht und Vorst vermählte sich 1538 mit Hieronymus Wolff, genannt Metternich zu Friesheim, der aus altem hessischen Adel stammte. Über 400 Jahre lang sollte von da an Gracht der Stammsitz der Wolff Metternich zur Gracht bleiben, die sich bald zu einem der angesehensten Geschlechter des Erftraums entwickelten und zu bedeutendem Einfluß und Reichtum kamen.

Baugeschichtliche Zeugnisse über den Zustand des frühen Herrensitzes der Wolff Metternich in Gracht sind spärlich. Wir erfahren, daß 1605 umfangreiche Baumaßnahmen vorgenommen wurden.

Auf einer Darstellung der Belagerung des nahegelegenen Lechenich aus dem Jahre 1642 erkennt man, daß um diese Zeit eine von Gräben umgebene Anlage mit Vor- und Hauptburg bestanden haben muß, deren trutziger Kern an der Nordostecke wohl noch der erwähnte Wehr- und Wohnturm der Ritter von Buschfeld war. Den Charakter der wehrhaften Wasserburg bewahrte Gracht bis zur Mitte des 17. Jahrhunderts.

Johann Adolf I. Wolff Metternich zur Gracht hatte es es in dieser streitbaren und ämterreichen Zeit zum kaiserlichen Kämmerer und Geheimrat, kurkölnischen Geheimrat, Landhofmeister, Marschall, Obristkämmerer, kurbayerischen Obristkämmerer, Oberhofmeister, herzoglich jülichschen Kriegskommisar, schließlich sogar zum Reichsfreiherrn und Mitglied der Reichsritterschaft gebracht und damit den weiteren Aufstieg seines Geschlechts im Gefolge der Kölner Kurfürsten begründet. Im Jahre 1657 begann er mit dem Ausbau der Wasserburg zu einem repräsentativen Schloß. Aber erst sein Enkel Johann Adolf II. brachte die — wenn auch zeitweilig unterbrochene, so doch insgesamt 42jährige — Bautätigkeit zum Abschluß.

Noch heute künden die Inschriften auf dem damals entstandenen prächtigen Portal der Vorburg vom Stolz der Besitzer auf das Erreichte. Unter dem von Löwen gehaltenen Allianzwappen Wolff Metternich zur Gracht und Truchseß von Wetzhausen nennt die Inschrift in einer Kartusche die Titel und Besitzungen des Erbauers und seiner Frau. Im Architrav über der rundbogigen Tordurchfahrt heißt es:

VORHIN WAR ICH AUS HESSENLANDT,
VON GUDENBERG EIN WOLFF GENANNDT
JETZT BIN ICH HIER DURCH GOTTES MACHT,
HEISCH WOLFF GNANT METTERNICH ZUR GRACHT.

Etwa gleichzeitig mit dem letzten Bauabschnitt, dem Ausbau der Vorburg am Ende des 17. Jahrhunderts, wurde an der Ostseite des Schlosses der prachtvolle Barockgarten im französischen Stil angelegt, zu dem von der Hauptburg eine Brücke über den Burggraben führt. Er entstand als erste Anlage dieser Art im Kölner Kurstaat, noch vor den weitaus bekannteren Gärten in Bonn und Brühl. Teile des veränderten Parks — von den barocken Anlagen ist nur noch das Gartenparterre erhalten— lassen noch heute die Großartigkeit der damaligen Anlage ahnen, die man sich wesentlich größer vorstellen muß.

Johann Adolfs II. ältester Sohn Franz Josef stieg ebenfalls zu hohen Ämtern auf und wurde in den Reichsgrafenstand erhoben. Er starb 31jährig an Blattern, und sein Vorhaben, die Burg zu einer repräsentableren Residenz auszubauen, blieb unausgeführt. Pläne, die der Franzose Hauberat noch zu Lebzeiten seines 70jährig verstorbenen Vaters angefertigt und die dieser verworfen hatte, wurden ebenso wie die des Westfalen Piktorius endgültig im Metternichschen Archiv abgelegt.

Als im Jahre 1794 die Franzosen einmarschierten, flohen die Metternichs über den Rhein. Während der 20jährigen Besatzungszeit diente Schloß Gracht den Revolutionstruppen zeitweise als Lazarett. Danach befand sich die Burg in einem ruinösen Zustand. Max Werner Graf Wolff Metternich mußte einige Teile der alten Burg, vor allem den mittelalterlichen Bergfried an der Nordostecke, niederlegen lassen. Die ganze Anlage wurde verändert, war aber mehr ein Provisorium, als ein den Wohnansprüchen der Zeit entsprechender Herrensitz. So entschloß sich Levin Anton Graf Wolff Metternich zur Gracht zu einem umfassenden Neubau. Am 26. August 1851 wurde unter großen Feierlichkeiten der Grundstein gelegt.

Die Bauarbeiten, durch die Schloß Gracht sein heutiges Gesicht erhielt, dauerten bis 1853. Architekt war der Kölner Baumeister Johann Anton Wallée, ein Schüler Schinkels. Stilistisch verlieh er dem Schloß Anklänge an englische Bauten. Es handelt sich um eine zum Vorhof hin offene Winkelanlage. Der beibehaltene Ostflügel bildet den Hauptbau. Er ist ein dreigeschossiges Herrenhaus mit flachem, etwas zurücktretendem Walmdach und einer umlaufenden Balustrade, die die Wuchtigkeit des Gebäudes betont. Dem Portikus sind seitliche Laubengänge angegliedert. Der an der Südseite angeschlossene Trakt ist wesentlich schmaler und lediglich zweigeschossig. An der Parkseite sind dem Schloß zwei von mehrfach geschweiften zierlichen Hauben bekrönte

Gracht,
ehemaliger Rittersaal
mit Kassettendecke aus dem 19. Jh.

Gracht, Westfront der Hauptburg,
rechts am Turm
die als Erker ausgebildete Apsis der Schloßkapelle

unterschiedlich hohe Türme auf quadratischem Grundriß vorgesetzt, die das Balustradenmotiv des Hauptbaus als Dachabschluß wiederholen. Alle Fassaden sind mit Putzquadern gestaltet und betonen den sachlich-dominierenden Gesamteindruck.

Die Vorburg wurde, nachdem sie im Jahr zuvor abgebrannt war, 1879–1890 in veränderter — neugotischer — Form mit Treppengiebeln und Zinnen wiederaufgebaut, wobei das erwähnte barocke Portal miteinbezogen wurde. An der Hofseite der Vorburg ist eine Gedenktafel an den in Liblar geborenen bekannten Deutschamerikaner und nachmaligen amerikanischen Innenminister Carl Schurz angebracht, der hier, wo sein Großvater Gutsverwalter war, einen Teil seiner Kindheit und Jugend verbrachte.

Bis 1957 blieb Schloß Gracht im Besitz der Familie Wolff Metternich, von der es dann die Gemeinde Liblar kaufte. Im Jahre 1962 ging das Schloß wieder in private Hand über und wechselte noch mehrmals den Besitzer. Von der reichen und prächtigen Innenausstattung des ehemaligen Metternichschen Schlosses ist bis auf einige Schmuckdecken und Stukkaturen leider kaum etwas erhalten.

Während der Park in öffentlicher Hand verblieb und wegen seines Pflanzen-, Baum- und Vogelbestandes unter Naturschutz steht, erwarb 1973 der Verein zur Förderung des Universitätsseminars der Wirtschaft e. V. das Schloß und baute es, seiner neuen Funktion als Fortbildungsstätte für Führungskräfte der Wirtschaft entsprechend, um. Einen Schlußpunkt der jahrelangen Wiederherstellungsarbeiten bildete im Herbst 1979 die anläßlich der 200jährigen Unabhängigkeit der USA von amerikanischen Firmen finanziell unterstützte Erneuerung des Wappens über dem Eingangsportal zur Vorburg. Schon Johann Adolf II. Wolff Metternich zur Gracht hatte 1698 mit diesem Tor die von seinem Vater begonnenen Umbauten zum Abschluß gebracht.

Gracht, Lithographie von Ferdinand Müller, Mitte des 19. Jh.; in der rechten Rahmung „Kapellenbusch" (die Kapelle im Busch), die in den 60er Jahren abgebrochene ehemalige Familiengruft der Wolff Metternich zur Gracht

Gracht, Park vom Schloß aus gesehen, verbliebene geometrische Formen des einstigen barocken Gartenparterres gehen in den freien Landschaftspark über

Blessem

Blessem, gestaffeltes Wohnhaus, eigenwillige bauliche Weiterentwicklung eines ehemaligen Vorburgflügels

Unmittelbar am Ortsrand von Blessem, das bis in unsere Zeit seinen von der Landwirtschaft geprägten Dorfcharakter bewahrt hat, liegt die gleichnamige Burg. Die Anlage wirkte in ihrer aneinandergereihten Zusammensetzung eher wie eine hierher verirrte Häuserzeile, wären da nicht der trockene Wassergraben, der Baumbestand, der auf einen wohl ehemals hier gelegenen Park schließen läßt, und die turmartig überdachte Toreinfahrt zum weiträumigen Wirtschaftshof.

Die Gesamtanlage, vor allem aber der Verlauf der Gräben, zeugt von einer einstigen zweiteiligen Hofanlage. Den Standort des damaligen Herrenhauses müssen wir auf einer eigenen Insel nordöstlich des Hofs vermuten. Der dorfwärts gelegene Flügel der Vorburg ist zu dem heutigen langgestreckten Wohnhaus umgebaut worden, dessen Gebäudeteile zum größten Teil aus dem vorigen Jahrhundert stammen. Lediglich ein kleiner Seitenflügel zeugt noch von den früheren Wirtschaftsgebäuden.

Trotz der Uneinheitlichkeit ist das Haus mit seinen unterschiedlichen Giebel- und Dachformen und -höhen und der vielgliedrigen Fassadengestaltung nicht ohne Reiz, der erhöht wird durch schmückende Details. Zu nennen sind einige geschwungene Fenstergitter und an der Hofseite ein gußeiserner spätgotischer Türvorbau mit maurisch wirkenden Motiven. In Kopfhöhe in der östlichen Giebelwand eingelassen finden wir ein relativ kleines steinernes Relief. Außer einem Wappenschild zeigt es eine Personengruppe, deren Anordnung der Darstellung von Stifterfamilien entspricht.

Die urkundlichen Erwähnungen von Blessem sind recht lückenhaft. Wir wissen, daß 1371 ein Ludevicus von Bledisheim Burg Blessem zu Lehen erhielt. Danach wird erst 1581 das Anwesen in einer Landesbeschreibung des Erzstifts Köln erwähnt als Besitz des Wilhelm Scheiffart von Merode zu Bornheim. Sein Nachfolger Junker Johann Wolff, der „Haus Blesheimb biß auff seine sterbestundt bewohnt" hat, war einer der wenigen Besitzer von Blessem, die das Anwesen nicht lediglich aus der Ferne durch einen Halfen bewirtschaften ließen. Er veräußerte den Hof an den Kölner Bürger Simon Bagen, der schon 1611 „hauß und hoff mit garthen, baumgarthen, ackerlandt, bändten, busch, erbpfacht, zinß, kapunen, höner undt allem zubehoer zu Blesheimb im ambt undt bey Lechenich gelegen, alß ein frey adeliches seeß undt erbguth" an Adam von Hambroech und seine Frau Catharina von Spieß weiterverkaufte.

Blessem, hofwärtiger Türvorbau, Verwendung dekorativer gußeiserner Bauelemente im industriellen Aufschwung der Gründerzeit, kennzeichnend das Bestreben, verschiedene Stilrichtungen miteinander zu verbinden

Um die im Vertrag erwähnte Qualität des Guts als Adelssitz und die damit verbundene Landtagsfähigkeit sah sich Adam von Hambroech freilich getäuscht. Er bemühte sich vergeblich um die Anerkennung dieser Rechte. Auch nach seinem Tod und während des bald ausbrechenden Dreißigjährigen Krieges blieben Eingaben seiner Witwe an Kurfürst und Landtag ohne Erfolg.

Ihre Erben verkauften Burg Blessem, um weiteren Auseinandersetzungen aus dem Wege zu gehen. Noch einige Male wechselte die Burg den Besitzer und auch die weiteren in Blessem begüterten Geschlechter bemühten sich vergebens um die Anerkennung der mit Landtagsfähigkeit und Steuerfreiheit verbundenen rittersitzlichen Rechte. Blessem blieb nur „adlicher hoff".

Im Jahre 1696 schließlich wurde das Anwesen an das Dominikanerkloster in Köln verkauft und blieb bis zur Säkularisation im Besitz der Mönche. Um 1802 kaufte der Kölner Getreidehändler Meyer den Hof, um ihn als Sommersitz zu nutzen. Seine Nachfolger nahmen die verschiedenen Umbauarbeiten vor, die noch das gegenwärtige Gesicht des Anwesens prägen.

Als Mehrfamilienhaus ist der Burg heute auch der Funktion nach ihr einstiger Herrenhauscharakter genommen. Dennoch lassen die Lage am Rande der offenen Flur und die mannigfaltigen Attribute einer etwas ungewöhnlichen jüngeren Baugeschichte, die sich übergangslos mit den Relikten der mittelalterlichen Vergangenheit verquicken, etwas von der Geschichtswürdigkeit dieses Besitzes verspüren.

Buschfeld

Buschfeld,
Herrenhaus aus dem frühen 18. Jh.,
außerhalb des Grabensystems

Buschfeld, Vorburg von Osten gesehen

Das etwas abseits der Landstraße zwischen Liblar und Bliesheim gelegene Haus Buschfeld wird erstmalig 1190 als Sitz der Ritter Schilling von Bornheim erwähnt, deren Nachkommen den Namen des Besitzes, zunächst als Beinamen, später als Eigennamen führten. Nachdem Mitglieder der Familie von Buschfeld bereits als Erbauer des nahegelegenen Gracht in Erscheinung getreten waren, erwarb 1448 ein Zweig der Familie von Quad deren Stammsitz. Nach dem Aussterben der Freiherren von Quad-Buschfeld wurden nacheinander die Freiherren von der Leyen zu Adendorf, die Familie von Loe-Wissen, die Grafen von Hoensbroech und schließlich die bürgerliche Familie Meller Eigentümer von Haus Buschfeld.

Von der ursprünglich zweiteiligen Anlage im Bereich des heutigen Wirtschaftshofs haben sich nur die östlichen Partien der Vorburg mit Stufengiebeln aus dem 16. Jahrhundert erhalten. Die einst im nördlichen Hofbereich gelegene Hauptburg fiel im Jahre 1705 völlig unvorhergesehen unter starkem Getöse zusammen, eben als die Hausherren vor der Burg Gäste verabschiedeten. Kaum hatte die Gesellschaft die Brücke erreicht, so stürzte auch noch der Dachstuhl des großen Turmes ein. Möglicherweise war dieses von den damaligen Besitzern in einen mysteriösen Zusammenhang gebrachte Ereignis der ausschlaggebende Grund dafür, das neue Herrenhaus 1711 außerhalb des Burgweihers zu errichten. Neben diesen überlieferten kommen freilich weitaus nüchternere Beweggründe in Betracht, so die in jener Zeit fortgefallene Befestigungsnotwendigkeit, die vergleichsweise Enge der vorherigen Herrenhausinsel und der festere Baugrund außerhalb der Gräben.

Maueranker an der Zugangsfront des heutigen Herrenhauses halten das Erbauungsjahr 1711 fest, und ein Wappenstein über dem Eingangsportal erinnert an die Bauherren, das Ehepaar von Quad-Buschfeld und Hatzfeld. Darunter hat sich ein gebrochener Giebel mit ovalem Oberlicht erhalten, während das Portal selbst neoklassizistisch umgestaltet ist. Insgesamt wirkt das schlichte, symmetrisch gegliederte zweistöckige Haus mit Walmdach sehr sachlich, wie es diesem Herrenhaustyp aus dem 17. und frühen 18. Jahrhundert entspricht. Die „zeitgemäße“ Erneuerung in den Jahren 1924—26 hat diesen Eindruck eher unterstrichen.

Die Umgebung von Haus Buschfeld macht noch heute mit von Buschwerk durchsetzten Weideflächen die mittelalterliche Namensgebung erklärlich. Zu der in Grün gebetteten Hofanlage und dem in einem kleinen Park gelegenen Herrenhaus gehört ein bereits 1549 nachgewiesenes Mühlengehöft am unweit vorbeifließenden erftwassergespeisten Mühlenbach. Der Fachwerkbau wirkt gegenwärtig noch sehr heruntergekommen, soll aber in Kürze von einem Künstlerehepaar übernommen und renoviert werden.

Redinghoven

Redinghoven, Nordseite der Hauptburg, erweiterte Winkelanlage auf bastionsartiger Insel

Am nördlichen Dorfausgang von Friesheim biegt man an einer etwas merkwürdig übermalten großen barocken St. Nepomuk-Statue nach links ab und gelangt über eine lichte junge Birkenallee vor das Torhaus von Burg Redinghoven. Über dem Torbogen ist das steinerne Wappen der von Redinghoven und von Wymar eingemauert, an dem besonders die flankierenden Wappentiere auffallen. Zur Linken befindet sich ein pfauenähnlicher Vogel, während zur Rechten ein mit seinen Schlappohren ganz und gar nicht heraldisch-imponierend wirkender Hund das Wappen hält. Auf der Hofseite lassen die musterartig gemauerten Ziegel im Gefach des Torhauses die Jahreszahl 1741 erkennen. Etwas höher gelegen als die baugeschichtlich nicht weiter bemerkenswerte Vorburg, die den landwirtschaftlichen Betrieb beherbergt, liegt das Herrenhaus einer der kleineren, aber doch interessanten Wasserburgen des Erftkreises.

Friesheim gehört zu den Orten, die ihre historische Entwicklung einmal der Lage in der fruchtbaren und wasserreichen Rotbachniederung verdanken, zum anderen den territorialen Auseinandersetzungen zwischen Kurköln und Jülich. Friesheim hatte im Mittelalter eine Dorfbefestigung aus Wall, Graben und fünf gemauerten Toren. Der Ort hätte sich damals möglicherweise zu einer Stadt weiterentwickelt, wenn sich nicht die Kölner Erzbischöfe für das nahegelegene, aber strategisch günstigere Lechenich als Landesfeste entschieden hätten. Eine urkundliche Erwähnung der Friesheimer Ringwehr ist aus dem Jahre 1520 überliefert. Zudem war Friesheim eines der „Vielburgendörfer" in dieser Region. Innerhalb der Ortsbefestigung lagen die sogenannte Weiße Burg und die Wymarsburg, außerhalb die Effertsburg und Burg Redinghoven. Hinzu kamen weitere „adliche Höff" und so nimmt es nicht Wunder, daß noch eine Katasterkarte von 1810 in Friesheim nicht weniger als sieben Wasserburgen und einige weitere große Höfe verzeichnet. Alle diese Anlagen gingen wohl auf Ursprünge im 13. und 14. Jahrhundert zurück und sind mit zwei Ausnahmen bis auf spärliche Reste untergegangen.

Redinghoven, von Nordwesten gesehen

Von der Weißen Burg, einst die größte der Friesheimer Burgen, die Mitte des 17. Jahrhunderts weitgehend neu errichtet wurde, sind nach der Zerstörung des Herrenhauses im Zweiten Weltkrieg lediglich Teile der Vorburg und das Grabensystem bestehen geblieben.

Allein Burg Redinghoven, zwar kleiner, aber architektonisch reicher gegliedert, ist als weitgehend intakte Wasserburg über den Lauf der Zeiten bewahrt. Über den Ursprung und die frühe mittelalterliche Geschichte von Burg Redinghoven ist wenig bekannt. Dorf und Bannbezirk Friesheim wurden Eigentum des Kölner Domstifts, nachdem der mit der hohen Würde eines kaiserlichen Sendboten bekleidete Graf Emundus von Friesheim seine Grafschaft dem Domstift vermacht hatte. Er wurde um 830 im Kölner Dom beigesetzt, wo noch heute seine Grabplatte zu finden ist. Da die geistlichen Grundherren nicht zur Ausübung der weltlichen Gerichtsbarkeit befugt waren, bestellten sie Vögte für diesen Aufgabenbereich, die indes in aller Regel bestrebt waren, ihren persönlichen Machtbereich auszudehnen. So ist eine Auseinandersetzung des Friesheimer Vogts mit dem Kölner Erzbischof um Rechte in Lechenich schon 1181 urkundlich erwähnt.

Im 15. Jahrhundert war die Familie Steprath Lehensträger des domkapitularischen Guts. Ein Erbteilungsvertrag der Gebrüder Godart und Friedrich von Steprath aus dem Jahre 1476 sah vor, daß beim Tode ihrer Mutter Hermanna der Friesheimer Hof an Godart gehen sollte. Nach ihm wechselten noch mehrfach die Besitzer. Ein Johann von der Mark veräußerte das Gut mit Genehmigung des Domkapitels an Thomas von Wesel, von dem es 1602 der mit Anna Wolff, genannt Metternich vermählte Hans Philipp von Hoheneck erwarb. Die damalige Belehnungsurkunde erwähnt, daß der Hof von holländischen Kriegsvölkern in Asche gelegt worden sei. In der kurkölnischen Landesbeschreibung von 1669 finden wir die Familie von Judden mit dem 192 Morgen Ackerland umfassenden Besitz belehnt. Nachdem Franz Konstantin von Judden 1735 in Friesheim ohne Leibeserben gestorben war, heiratete seine Witwe Anna Margaretha von Wymar den Reichsfreiherrn Johann Gottfried von Redinghoven, dessen Namen die Burg bis heute trägt. Auch diese Ehe blieb kinderlos, und die nunmehr zweimalige Witwe setzte in ihrem Testament von 1761 ihren Bruder, den damaligen Kölner Bürgermeister Franz Kaspar von Wymar, zum Universalerben ein. Dieser hatte wohl wesentlichen Anteil an der Errichtung der heutigen Hauptburg. Nachfahren der Wymars bewirtschaften noch heute das Gut.

Redinghoven,
Torhaus zur Vorburg vom Hof aus gesehen,
mit Liebe zu schmucken Details
aufgeführter Zweckbau

Niederberg,
Ostseite der Hauptburg,
verputzter Backsteinbau mit Hausteinfassungen

Von der Vorburg aus, die nach einem Brand im Jahre 1802 zum Teil erneuert, in jüngerer Zeit erneut ausgebaut und durch weitere Wirtschaftsbauten ergänzt wurde, gelangt man über eine steinerne Brücke zu dem zweistöckigen Herrenhaus. Sein abgeschrägter bastionsartiger Unterbau erhebt sich unmittelbar aus dem Wasser des Burggrabens. Das Gebäude besteht aus vier übergangslos aneinandergefügten Trakten. In eine ursprünglich einfache, winkelförmige Anlage sind zwei weitere, kürzere Flügel parallel hineingesetzt. Hinzu kommt ein rechteckiger Vorbau im so verschobenen hofseitigen Winkel der Hauptburg. Ein wenig wirkt deshalb die Anlage in ihrer verwirrenden Architektur mit den versetzten Treppengiebeln von der Hofseite her, als würden sich die einzelnen Gebäudeteile auf der engen Insel zusammendrängen. Auf der rückwärtigen Seite der Burginsel findet sich ein Pavillon, den eine hübsche barocke Haube krönt. Die Burg ist einheitlich in Backstein errichtet, die Fenster sind zum Teil mit Hausteinfassungen versehen.

Der ältere Teil des Redinghovener Herrenhauses weist in seinen etwas höheren Räumen noch ansehnliche Kölner Decken auf, während der jüngere Teil modern umgestaltet ist. Im Zweiten Weltkrieg ist ein Teil der Innenausstattung abhanden gekommen. Der spätgotische Hausaltar allerdings ist ebenso bei Nacht und Nebel wieder zurückgebracht worden, wie er verschwunden war. Nachdem der Dorfpfarrer im Hinblick auf den Altar eine geharnischte Bußpredigt gehalten hatte, stand der Altar am darauffolgenden Morgen wieder vor der Tür.

Obwohl die Burg schon bei ihrem Ausbau in der heutigen Form keine wehrtechnische Bedeutung mehr haben konnte, bietet sie doch noch das Bild einer trutzigen Wasserburg als wichtiges Glied der ehemaligen Friesheim Dorfbefestigung.

Niederberg

Niederberg, im Vordergrund erhaltenes Wirtschaftsgebäude in Fachwerk, dahinter (teilweise verdeckt) Torhaus, Wohngebäude und Gartenhäuschen

Die Burg Niederberg, im südlichsten Zipfel des Erftkreises gelegen, ist einer der Herrensitze, die in den Bachauen des Rotbachs geeignete natürliche Voraussetzungen für ihre Errichtung fanden. Wie bei vielen der heimischen Wasserburgen ist ihr Ursprung in der Fehdezeit des 12.-14. Jahrh. zu suchen.

Niederberg gehörte damals mit etwa 250 Morgen dazugehörigen Landes zu den domdechantischen Erbgütern, die als Lehen an adlige und nichtadlige Personen vergeben wurden.

Um die Mitte des 15. Jahrh. verkaufte der damalige Besitzer Herr von Linzenich die Burg und das dazugehörende Land an Rembold von Uexheim, dessen Enkelin im Jahre 1497 den Ritter Otto von Metternich zu Metternich (bei Weilerswirst) ehelichte. Durch diese Heirat kam das Anwesen für fast 250 Jahre in den Besitz der Familie Metternich. Auch an Niederberg gingen in dieser langen wechselvollen Zeit weder kriegerische Auseinandersetzungen noch Pestepidemien spurlos vorüber.

Eine wichtige Rolle in dieser Epoche spielte Bernhard Niklas von Metternich, der sich in den ritterlichen Johanniter- und späteren Malteser-Orden aufnehmen ließ. Eine im Burgweiher gefundene gußeiserne Tafel mit dem Ordenskreuz und der Jahreszahl 1672 erinnert auf Niederberg noch heute an die in jenem Jahr im großen Saal gehaltene Ordensversammlung.

Im Jahre 1739 wurde das Anwesen an die Freiherren von Quadt zu Buschfeld verkauft und kam 1750 durch Heirat zum Teil an die Familie von der Leyen. Im Jahre 1810 schließlich wurden die von der französischen Regierung beschlagnahmten Güter verkauft, 1812 an einen Dewis aus Düsseldorf, dann an Jakob Lahen aus Lechenich, der den Besitz parzellenweise veräußerte. Das Burggrundstück kaufte ein Graf Hoensbroech, dem eine stattliche Reihe wechselnder Besitzer folgte. Während der jahrhundertelangen Besitzerwechsel war indessen nicht nur das zur Burg gehörende Land, sondern auch das ursprüngliche Inventar mehr und mehr geschmälert worden.

Seit 1935 ist die Familie Berkenkamp im Besitz der Burg, die nach dem zweiten Weltkrieg umfangreiche Renovierungen vornahm. Als man 1950 den Teich entschlammte, fanden sich als Relikte der jüngsten kriegerischen Epoche zentnerweise Panzerfäuste und Granaten aus dem Zweiten Weltkrieg. Nach 1970 wurde die Burg erneut instandgesetzt.

Dem heutigen Besucher präsentiert sich die Anlage in erster Linie als schön gelegenes, hinter einer Geländefalte und üppigen Baumkronen halbverborgenes schmuckes Anwesen. Zwar schützt eine hohe Mauer vor allzu neugierigen Blicken, aber auf den ehemaligen Verteidigungscharakter deutet neben dem Wassergraben weniges hin. So ist von der Vorburg lediglich ein Fachwerkhaus neben dem abseits des Herrenhauses gelegenen Torbau erhalten.

Über den Wassergraben leitet eine schmale Backsteinbrücke, von der eine Treppe auf die bescheidene Eingangsterrasse des Herrenhauses führt. Das Haus selbst, eine symmetrische Hufeisenanlage mit relativ kurzen Seitenflügeln, stammt in seinem Kernbau aus dem Jahre 1710, während die Seitenflügel um 1920 angefügt wurden. Insgesamt entspricht die Anlage einem schlichten barocken Schloßbau.

Die Ziegel für den Bau wurden zu Beginn des 18. Jahrhunderts an Ort und Stelle mit Eschweiler Kohlen gebrannt. Das Bauholz lieferte der Niederberger Busch, der Teil des einst ausgedehnten Erft-Rotbachwaldes war, von dem heute nur noch spärliche Reste zeugen. Im übrigen mußte das Material von weit hergeholt werden, wie zum Beispiel die Hausteine für Fensterrahmen aus Nideggen und das Hauptportal aus Drachenfels-Trachyt, das zunächst per Schiff von Königswinter nach Bonn und dann mühsam auf dem Landweg hierher transportiert wurde. Nach der Fertigstellung des Herrenhauses wurden 1717 neue Stallungen angelegt, die aber heute nicht mehr existieren.

Erwähnenswert ist der das Haus umgebende romantische Burggarten mit seinen im Vorgarten aufgestellten steinernen Grabkreuzen vom alten Niederberger Friedhof. Er ist Zufluchtsstätte für manch seltene Vogelart geworden. In Nachbarschaft der Wasservögel am Burggraben behaupten sich hier Singvögel wie Pirole und Nachtigallen, nicht zu vergessen eine ungewöhnlich große Zahl von Schleiereulen. In einer Ecke des Gartens findet sich ein malerisches Teehäuschen. Nicht ohne Grund diente der Burggarten jüngst als eine der Kulissen für einen Film mit dem bezeichnenden Titel „Der Traum vom Lande".Ganz so ländlich geht es freilich in Niederberg nun auch wieder nicht zu. Landwirtschaft und Tierhaltung gehören nicht mehr zu Haus Niederberg, sieht man von der Imkerei ab, die die Besitzer von den Vorgängern übernahmen und noch betreiben.

Vom ehemaligen Inventar des Rittersitzes ist neben der erwähnten Takenplatte lediglich eine Rüstung übrig geblieben. Sehenswert ist die umfangreiche Jagdtrophäensammlung des Hauses, deren Prunkstück, ein präparierter Elchkopf, ein besichtigendes Schulkind einmal zu der nachdenklichen Frage veranlaßte, ob sich denn das hintere Teil des Tieres im Nebenraum befände.

Wie Niederberg domdechantisches Lehensgut war auch die unweit des Herrensitzes am Rotbach gelegene Getreidemühle, die urkundlich bereits 1407 — wohl wegen ihrer Beziehungen zum Kölner Dom — Dreikönigenmühle genannt wurde. In dieser Zeit bestand auch schon die Burg und sicher gehörte beides zusammen. Jedenfalls hatte die Burg ein Servitut auf die Mühle, d. h. das Wasser mußte von dort aus in den Burggraben fließen. Daneben hatte der Herrensitz früher gewiß auch das Patronat auf die kleine gotische Dorfkirche, denn ohne das Mäzenatentum der Burgherren hätte sich wohl nicht gerade hier das heute im Diözesanmuseum ausgestellte Lochnerbild von Christi Geburt befunden. Erst in jüngster Zeit ist die wertvolle Kirche buchstäblich in letzter Minute vor dem endgültigen Verfall gerettet worden, und im Zuge der Restaurierung wurden unerwartet reiche Freskenmalereien freigelegt.

Literatur

An Erft und Gilbach. Beilage zur Kölnischen Rundschau. 1. 1947—1957.

Bader, Walter und Walter Kordt: Die Gärten von Brühl. 1965.

Bayer, Karl: Rittergut Richardshoven. 1949.

Bremshey, Hans: Schloß Paffendorf. 1978.

Clemen, Paul: Rheinische Kunstdenkmäler. Kreis Bergheim, Kreis Euskirchen, Landkreis Köln. 1897—1900.

Die Denkmäler des Rheinlandes. Kreis Bergheim. 1—3. 1970—1971.

Firmenich, Heinz: Stadt Bedburg an der Erft. 1978 (Rheinische Kunststätten).

Firmenich, Heinz: Brühl. 1970 (Rheinische Kunststätten).

Firmenich, Heinz: Hürth. 1967 (Rheinische Kunststätten).

Firmenich, Heinz: Schloß Türnich. 1975 (Rheinische Kunststätten).

Göbels, Karl: Frechen — damals. 1977.

Göbels, Karl: Wappen von Frechen. 1966.

Handbuch der historischen Stätten, Bd. 3. Nordrhein-Westfalen. 2. Aufl. 1970.

Hansmann, Wilfried: Schloß Augustusburg zu Brühl. 1971 (Rheinische Kunststätten).

Hansmann, Wilfried: Brühl. 1978 (Rheinische Kunstdenkmäler).

Hansmann, Wilfried: Das kurfürstliche Jagdhaus Entenfang in Wesseling-Berzdorf, in: Rheinische Heimatpflege. 1977. S. 175—180.

Hansmann, Wilfried: Schloß Falkenlust. 1973.

Hansmann, Wilfried: Das Jagdschloß Falkenlust zu Brühl. 1972 (Rheinische Kunststätten).

Heimat im Erftraum. Beiträge zur Landschaftskunde des Landkreises Bergheim. 1968.

Kerpener Heimatblätter. Bd. 1—18. 1963—1980.

Herzog, Harald: Künstlerische Vorgänge im rheinischen Schloßbau des 19. Jahrhunderts. 1981 (= Publikation des Rheinischen Amtes für Denkmalpflege).

Jahrbuch der rheinischen Denkmalpflege. Bd. 30/31. 1985.

Jüttner, Werner: Die Kunstdenkmäler des Kreises, in: Heimatchronik des Landkreises Köln. 1954.

Kisky, Hans: Burgen, Schlösser und Hofesfesten im Kreise Euskirchen. 1961.

Kisky, Hans: Michael Leveilly, ein böhmischer Baumeister im Künstlerkreis um Kurfürst Clemens August, in: Bonner Geschichtsblätter. Bd. 15. 1961. S. 315—335.

Kisky, Hans: Schlösser und Herrensitze im Rheinland. 1960.

Knopp, Gisbert und Wilfried Hansmann: Schloß Gracht. 1976.

Köllen, Johann Kisky, Hans und Robert Steimel: Siegel und Wappen, Burgen und Schlösser im Landkreis Köln. 1966.

Klug, Clemens: Die mittelalterliche Herrlichkeit Kendenich. 1972.

Klug, Clemens: Hürth, wie es war, wie es wurde. 1961.

Klug, Clemens: Hürth. Kunstschätze und Denkmäler. 1978.

Mahlberg, Hermann Josef: Der Architekt und Bildhauer Johann Georg Leydel. 1973.

Noll, Friedrich W.: Heimatkunde des Kreises Bergheim. 1912.

Gemeinde Pulheim. Die Orte und ihre Denkmäler. 1979 (1. Sonderveröffentlichung des Arbeitskreises für Geschichte und Heimatkunde e. V.).

Der Gymnicher Ritt, dessen Geschichte und Feier. o. J.

Rosellen, Robert Wilhelm: Geschichte der Pfarreien des Dekanates Brühl. 1887 (Geschichte der Pfarreien der Erzdiöcese Köln. 6.)

Scheiffarth, Engelbert: Herrlichkeit Fliesteden. 1939.

Simons, Peter: Friesheim. 1933.

Simons, Peter: Niederberg. 1934.

Stommel, Karl: Erftstadt. Die heutigen Stadtteile im Wandel der Zeiten. 1977.

Stommel, Karl: Lechenich. 1960 (Rheinische Kunststätten).

Welters, Hans: Die Wasserburg im Siedlungsbild der oberen Erftlandschaft. 1940.

Wildemann, Theodor: Bedburg an der Erft. 1957 (Rheinische Kunststätten).

Wildemann, Theodor: Rheinische Wasserburgen und wasserumwehrte Schloßbauten. 1936.

Zwischen Eifel und Ville. Beilage zur Kölnischen Rundschau. Bd. 1. 1947— 11. 1957.

Zwischen Scholle und Grube. Beilage zur Kölnischen Rundschau. Bd. 1. 1947— 11. 1957.

Abbildungen

Kreisbildstelle des Erftkreises (Hans Mirgeler, Ute Kutschke und Hans Theo Gerhards): S. 11, 12, 13, 15, 16, 18, 19, 20, 23, 24, 27, 28, 29, 31, 33, 34, 35, 36, 37, 40, 41, 42, 43, 44, 45, 46, 47, 48, 49, 53, 54, 55, 57, 58, 59, 61, 62, 63, 65, 67, 68, 69, 70 rechts, 71, 73, 77, 79, 80, 83, 87, 89, 90, 91, 93, 95, 97, 101, 102, 103, 104, 107, 109, 111, 112, 113, 115, 121, 122, 123, 124, 128, 129, 131, 133, 135, 137, 138, 139

Celia Körber: S. 70, 76, 100, 132, 134

Dieter Klein: S. 26

Rheinbraun: S. 74

Rüdiger Schneider Berrenberg: S. 84

Fischer Foto, Niederberg: S. 141

Luftbilder S. 17, 21, 75, 105, 118, 127 von Luftfoto Latzel, Wesseling, freigegeben durch den Reg.Präs. Düsseldorf unter den Nummern: 14 K 1, 14 K 2, 14 K 6, 14 K 4, 14 K 11, 14 K 3

Luftbilder S. 25, 27, 38, 51, 56, 78, 85, 88, 92, 99, 114, 125, 136 von Luftbild Frank, Gelsenkirchen, freigegeben durch den Reg.Präs. Münster unter den Nummern: 6023/80, 6011/80, 6009/80, 6022/80, 6008/80, 8788/80, 8378/80, 8794/80, 8792/80, 8370/80, 6011/80, 6021/80, 6012/80

Die Lithographien von Ferdinand Müller S. 81, 86, 98, 108, 117, 130 stellte die Kreissparkasse Köln für die Reproduktion zur Verfügung

Reproduktionen S. 10, 60, 82, 110, 124 aus Clemen: Rheinische Kunstdenkmäler (Landkreis Köln S. 82, Landkreis Bergheim S. 57, 64, Landkreis Euskirchen S. 83, 108)

Reproduktion S. 50 nach Vorlage des Rhein. Amtes für Denkmalpflege

Reproduktionen S. 94, 100 aus Zwischen Erft und Gilbach, Jg. 1953

Reproduktionen S. 32, 39, 52, 66, 119 nach Vorlagen im Privatbesitz

Inhalt

Wasserburgen, Schlösser und Landsitze im Erftkreis
Erftkreis
KREIS NEUSS
STADT KÖLN
PULHEIM
BEDBURG
BERGHEIM
ELSDORF
FRECHEN
HÜRTH
KERPEN
ERFTSTADT
BRÜHL
WESSELING
RHEIN-SIEG-KREIS
KREIS EUSKIRCHEN
1
2
3
4
5
6
7
8
9
10
11
12
13
14
15
16
17
18
19
20
21
22
23
24
25
26
27
28
29
30
31
32
33
34
35
36
37
38
39
40
41
42
43
44
1 0 1 2 3 4 5 km